DAS BAYERISCHE JAHRTAUSEND
Nürnberg im 15. Jahrhundert

Peter Fleischmann

DAS BAYERISCHE JAHRTAUSEND

Nürnberg
im 15. Jahrhundert

Volk Verlag München

Der Autor: PD Dr. Peter Fleischmann ist seit 2010 Leitender Archivdirektor des Staatsarchivs München. Der in Nürnberg geborene Historiker veröffentlichte bereits mehrere Bücher und Beiträge zur Nürnberger Stadtgeschichte sowie zur Sozial-, Wirtschafts- und Kulturgeschichte.

Die Deutsche Bibliothek verzeichnet diese Publikation in der Deutschen Nationalbibliografie; detaillierte bibliografische Daten sind im Internet über http://dnb.ddb.de abrufbar.

© 2012 by Volk Verlag München; Streitfeldstraße 19; 81673 München
Tel.: 0 89/420 79 69 80; Fax: 0 89/420 79 69 86

Druck: Kösel, Krugzell
Quelle der Übersichtskarte: 24 Nov 2011 123map, © OpenStreet Map Contributors Lizenz CC-BY-SA 2.0

Alle Rechte, einschließlich derjenigen des auszugsweisen Abdrucks sowie der fotomechanischen Wiedergabe, vorbehalten.

ISBN 978-3-86222-068-7
www.volkverlag.de

INHALT

Nürnberg im 15. Jahrhundert 7

Zwischen Kaiser und Reich 11

Ein kriegerisches Jahrhundert 39

Auf der Suche nach dem Seelenheil 55

Nürnberger Witz 81

Kunst und Wissenschaft 97

Gesellschaft und Alltag 115

Ausblick 129

Anhang 133
    Zeittafel 133
    Grundlegende Literatur 134
    Museen 135
    Websites 135
    Übersichtskarte Nürnberg 136
    Bildnachweis 138

NÜRNBERG
IM 15. JAHRHUNDERT

Auf der Rangliste der größten Städte Deutschlands steht Nürnberg mit knapp über einer halben Million Einwohnern an vierzehnter Stelle. Es ist keineswegs überraschend, dass die vorderen Plätze abgesehen von der Bundeshauptstadt fast nur von Hauptstädten der Bundesländer bzw. von den Stadtstaaten eingenommen werden. All dies trifft auf Nürnberg nicht zu, das zu Beginn des 19. Jahrhunderts nicht einmal Sitz eines der sieben bayerischen Regierungsbezirke geworden ist.

Es müssen also ganz besondere Gründe vorliegen, weshalb die zweitgrößte Stadt Bayerns eine solch große Bedeutung erringen und über Jahrhunderte bewahren konnte. Denn hier konnte man sich nicht auf römische Ursprünge berufen oder als Residenz im Glanz eines weltlichen oder eines geistlichen Fürsten sonnen. Vielmehr ist dieser Ort erst relativ spät im 11. Jahrhundert unter dem Schutz der deutschen Könige und Kaiser entstanden, die vor allem im Süden des Reichs eine recht intensive Städtepolitik betrieben haben. Viele dieser Königsstädte erfreuten sich der Gunst der deutschen Herrscher, die mittels einer Fülle von Privilegien zu Hauptplätzen des Reichs heranwachsen sollten, eines Reichs das bis zum Ende seiner Existenz im Jahr 1806 stets darunter litt, eben keine Hauptstadt zu haben. Die

NÜRNBERG IM 15. JAHRHUNDERT

Älteste gedruckte Ansicht von Nürnberg aus der Schedelschen Weltchronik von 1493

meisten dieser Königsstädte schafften aber nicht den Aufstieg zu einem überregionalen Lebens- und Kraftzentrum, in dem sich Gewerbe und Handel, Reichtum, Kunst, Kultur und Bildung konzentrierten.

Die große Ausnahme stellt das im Jahr 1050 erstmals erwähnte „Norenberc" dar, das sehr rasch zur Wirtschaftsmetropole aufstieg und in der frühen Neuzeit den Rang einer Kulturhauptstadt des Reichs, ja ganz Europas behaupten konnte. Eine wichtige Sattelzeit dieser Entwicklung stellt das 15. Jahrhundert dar, das als ein „langes Jahrhundert" zu verstehen ist. Denn wichtige Handlungsstränge aus den Jahrzehnten vor 1400 erwiesen sich als prägend und wirkten auch in den Jahrzehnten jenseits der Epochengrenze zwischen Spätmittelalter und Früher

Grundriss der Stadt Nürnberg, Matthäus Merian um 1650

Neuzeit sehr dominant nach. Diese Ära war vornehmlich geprägt von dem Zwang zu politischer Selbstbehauptung und einem historisch erfolgreichen Pragmatismus, wie er in dieser Form weder vorher noch später möglich gewesen ist. Im Mittelpunkt jenes Prozesses stand jedoch das eigentliche Subjekt dieser Zeit: der Bürger. Es waren herausragende Persönlichkeiten, aber auch die Gemeinschaft aller, die an diesem Ort gelebt und vor mehr als 20 Generationen dessen Geschichte geprägt haben. Realitätsnähe, Unternehmungslust, Erfindergeist und ein ganz ausgeprägter Gemeinsinn sind charakteristisch für diese Stadt mit ihrer auch schicksalhaften Tradition, zu der sie sich realistisch und weltoffen immer bekannt hat.

ZWISCHEN KAISER
UND REICH

Von der Stadt des Reichs zur Reichsstadt

In einem Herzogtum war immer ein weltlicher Fürst der jeweils dort herrschenden Dynastie der Landesherr. In einem Hochstift, Reichsstift oder beim Deutschen Orden war es stets der ranghöchste kirchliche Würdenträger und in einer Grafschaft oder Ritterschaft der jeweils Älteste des regierenden Geschlechts. Für die Reichsstädte traf all dies nicht zu, sie waren dem deutschen König untertan. Selbstverständlich regierte er hier nicht selbst, sondern beauftragte damit wiederum Adlige mit der Wahrung der Interessen des Reichs bzw. seiner eigenen. Trennt man die weltliche von der kirchlichen Sphäre, so unterstand Nürnberg zwei Bischöfen, deren Diözesen seit altersher an der Pegnitz aneinander grenzten. Für die nördliche Stadthälfte, also die Sebalder Seite, war kirchenrechtlich der Bischof von Bamberg zuständig, für die südliche Stadthälfte, die Lorenzer Seite, der Bischof von Eichstätt. Im Alten Reich waren die Bischöfe bis 1803 nicht nur geistliches Oberhaupt in ihren Diözesen, sondern sie übten als Fürstbischöfe in mehr oder minder großen Territorien auch eine weltliche Herrschaft aus.

Während sich die ottonischen Könige bei der Ausübung ihrer Politik stark auf die Reichskirche stützten, suchten die zwischen 1025 und 1125 herrschenden Salier altes Reichsgut wieder an sich zu ziehen und Verschenktes zurückzugewinnen. Vor diesem Hintergrund ist die Entstehung von „Norenberc" zu sehen. Es wurde auf Reichsgut in bewusster Abgrenzung zum Einflussbereich der fränkischen Bischöfe von Bamberg, Würzburg und Eichstätt gegründet. Strategisch ideal ist es diesseits und jenseits der Pegnitz angelegt worden, hervorragend geschützt durch einen gewaltigen, 60 Meter hohen Sandsteinfelsen. Eher zufällig ist der Ort in das Licht der Geschichte getreten, als am Rande eines Hoftags unter Kaiser Heinrich III. (1039 – 1056) ein Rechtsakt privater Natur vollzogen wurde. Auf Bitten des Adligen Richolf stieß der Kaiser der Hörigen Sigena eine Münze aus der geöffneten Hand. Durch diesen Schatzwurf wurde die Frau aus dem Stand der Hörigen in den der Freien erhoben, wahrscheinlich weil Richolf mit ihr standesgleiche Kinder haben wollte. Über das Ereignis stellte Heinrich III. am 16. Juli 1050 eine Urkunde aus, in welcher der Ort des Geschehens (Nürnberg) erstmals genannt ist. Ausgangspunkt für die Stadtentwicklung waren zwei Königshöfe bei St. Egidien nördlich und bei St. Jakob südlich der Pegnitz. Beide waren in mäßiger Entfernung halbkreisförmig von zwei großen Reichswäldern im Osten umschlossen. Die Königshöfe dienten der Versorgung der Burg, auf der zwei Dienstmannen des Reichs samt ihrem Gefolge residierten.

Einer davon war der Reichsschultheiß, der als königlicher Beamter seit 1173/74 das Amt des Stadt- oder Vogtherrn ausübte. Er saß dem mit Schöffen besetzten Hochgericht vor und übte die Friedens- und Marktpolizei aus. Seine Befugnisse erstreckten sich nur auf die königliche Stadt, die im Gegensatz zum Land einen eigenen Rechtsbereich darstellte. Von der Förderung durch die deutschen Könige insbesondere durch Kaiser Friedrich II. wird noch die Rede sein. Er stellte der königlichen Stadt 1219 den großen Freiheitsbrief aus, mit dem die Bürger Nürnbergs als königliche Untertanen großzügig privilegiert wurden. Die enge Bindung an das Reich und die vielen, oft auch persön-

Ein typisch Nürnberger Herrensitz – Neunhof im Knoblauchsland

lichen Beziehungen bedeutender Bürger zum Reichsoberhaupt waren für die Entwicklung hin zur Reichsstadt von wesentlicher Bedeutung. Schon zu Beginn des 14. Jahrhunderts hatte sich das Verhältnis zwischen dem Reichsschultheißen und der Stadt umgekehrt, denn er musste sich gegenüber dem Rat eidlich verpflichten. Diese Umkehrung des Machtverhältnisses war keine spezifisch Nürnberger Entwicklung, sondern in allen Städten des Reichs zu beobachten. Ein gewisser Abschluss dieses Prozesses wurde 1385 erreicht, als die Stadt das Amt des Reichsschultheißen für die hohe Summe von 8.000 Gulden erwerben konnte, nachdem es zuvor schon mehrfach verpfändet worden war. Seitdem behauptete der Rat unangefochten die Hoheit über das oberste Gericht, das für die Bürger zivilrechtlich und strafrechtlich höchste Instanz war. Man war nun Herr im eigenen Haus und der Erwerb des Blutbanns vom Reich 1459, der dem Schultheiß immer ad personam verliehen wurde, stellte nur noch eine formale Bestätigung dar. Wichtigstes hoheitliches Symbol für die Ausübung von Herrschaft war immer das Hochgericht, das in Nürnberg mit Galgen und Rabenstein unmittelbar vor dem Frauentor lag. Am Ende des Spätmittelalters ist die sprichwörtliche Redewendung aufgekommen: „Die Nürnberger hängen keinen, sie hätten ihn denn!" Dieser doppelten Anspielung lag die Erfahrung zugrunde, dass man sich hier nicht übereilte, sondern besonders in rechtlichen Angelegenheiten mit großer Vorsicht ans Werk ging. Auf ironische Weise bezog sich dies auf den Raubritter Eppelein oder Eckelein (Eckart) von Gailingen (um 1320 – 1381), der viele Kaufleute aus Reichsstädten überfallen hatte. Laut einer Sage hätten ihn die Nürnberger schon gefangen und zum Tod verurteilt gehabt, doch sei er in letzter Minute entkommen. Letztlich ist er nach systematischer Verfolgung festgesetzt und 1381 in Neumarkt in der Oberpfalz hingerichtet worden.

→ **Blutbann:** Vom König den Landesherrschaften verliehenes Privileg der Gerichtsbarkeit über Leben und Tod.

Parallel zu dieser Entwicklung und der Vereinnahmung des Reichsschultheißen ist seit dem 13. Jahrhundert zu beobachten, dass außerhalb der Stadtmauern zahlreiche Güter und Rechte ganz zielstrebig erworben wurden. Für die Bürger standen die Anlage von Kapital im Vordergrund, für den Rat die gesicherte Versorgung der Stadt mit Lebensmitteln und der Aufbau eines verteidigungsfähigen Cordons. Dies geschah durch das Öffnungsrecht, indem sich der Rat von Eigentümern das Recht einräumen ließ, im Kriegsfall deren befestigte Häuser, Herrensitze und Burgen im Umfeld Nürnbergs mit Truppen belegen zu dürfen. Von größter Bedeutung war jedoch der territoriale Zugriff auf die beiden Reichswälder, deren Holz als Baustoff, Werkstoff und Brennstoff verwendet wurde. In den Jahren 1372 und 1396 konnte das Forstmeisteramt im Lorenzer Reichswald erworben werden und nach dessen Verpfändung im Jahr 1385 schließlich auch das Forstmeisteramt im Sebalder Reichswald 1427.

Der Burggraf löst sich von der Stadt

Auf der Reichsveste residierte aber noch ein zweiter, für die Verwaltung und Sicherung des umliegenden Reichslands sehr wichtiger Mann. Die deutschen Könige hatten als militärische

ZWISCHEN KAISER UND REICH

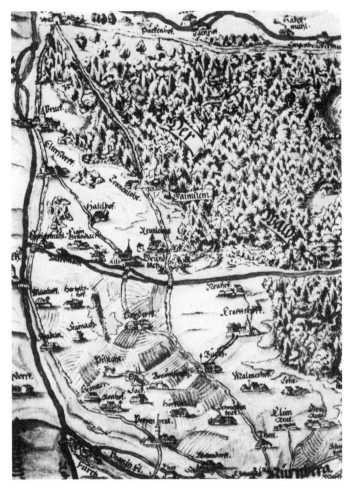

Im Halbkreis umschließen die Reichswälder Sebaldi und Lorenzi die Stadt.

Sachwalter vor Ort einen Burggrafen eingesetzt, der die seit dem 12. Jahrhundert immer prächtiger ausgebaute Kaiserpfalz zu schützen hatte. Mit dieser Aufgabe wurde um 1190 erstmals ein Angehöriger eines schwäbischen Adelsgeschlechts betraut, das in der deutschen Geschichte noch eine ganz herausragende Rolle

NÜRNBERG IM 15. JAHRHUNDERT

Kaiserburg   Burggrafenburg

spielte: Friedrich I. von Zollern. Die Nachkommen des Burggrafen von Nürnberg beschränkten sich aber nicht auf das ihnen anvertraute Amt, sondern betrieben eine expansive Territorialpolitik. Rund um die Stadt mit Schwerpunkt im Westen erwarben sie durch Kauf, Tausch, Heirat, Lehen- oder Pfandnahme und Bevogtung größere Gebiete. Die Zollern erwiesen sich sowohl unter Kaiser Ludwig dem Bayern als auch unter seinem Nachfolger als treue Vasallen, wofür sie erhebliche Gunstbeweise in Empfang nehmen konnten. Eine Krönung ihrer Bemühungen erfolgte am 17. März 1363 mit der Erhebung des Burggrafen Friedrich V. (1357–1397) in den Reichsfürstenstand. Mit erstaunlicher Zähigkeit hatten die Zollern seit eineinhalb Jahrhunderten in Franken ihren Aufstieg betrieben, der mit dieser Rangerhöhung durch König Karl IV. förmlich anerkannt wurde. Denn das bedeutete die lehensrechtliche Reichsunmittelbarkeit und damit die Bestätigung ihrer bisherigen Erwerbungen, welche nun als ein Territorialstaat mit dem uneingeschränkten Recht der Hochgerichtsbarkeit über alle Grunduntertanen angesehen wurden. Mit dieser Privilegierung suchte Karl IV. die Burggrafen von Nürnberg im Vorfeld seines Königreichs Böh-

Reichsstädtische Burgbauten

men zu stärken, was aber für manch kleinere Reichsstädte sogar die Gefahr der Mediatisierung mit sich brachte. Jedenfalls war hier der Keim gelegt für die seit dem 15. Jahrhundert immer wieder ausbrechenden Kämpfe zwischen den Zollern und der mächtigen, stark aufstrebenden Reichsstadt Nürnberg.

→ **Kaiserpfalz**: zum Reichsgut gehörige, befestigte Residenz für Aufenthalte der deutschen Herrscher und deren engerem Gefolge.
→ **Vasall**: Gefolgsmann im Dienst eines Herrn.
→ **Mediatisierung**: Aufhebung der unmittelbaren Beziehung eines Territoriums zum Deutschen Reich, bis 1806 Unterstellung unter einen Landesherrn.

Anfangs hatten die Burggrafen ihren Sitz unmittelbar vor der Reichsveste, die sich westlich des Sinwellturms (= Rundturm) aus dem 12. Jahrhundert als Vorburg bis zur eigentlichen Hauptburg mit Doppelkappelle, Palas und Kemenate erstreckte. Doch hatten die Zollern sich schon um 1250/60 etwa 15 Kilometer westlich von Nürnberg in Cadolzburg eine gewaltige Dynastenburg errichtet. Neben der etwas älteren Plassenburg oberhalb Kulmbachs und Schlössern in Ansbach, Schwabach und Neustadt an der Aisch war dies einer der Hauptwohnsitze der Zollern, die sich schon lange von dem Ausgangspunkt ihres historischen Aufstiegs abgewandt hatten. Die der Burggrafenburg – also dem Mitteltrakt der heutigen Burganlage einschließlich des Fünfeckigen Turms – zugedachte Wächterfunktion wurde im Jahr 1377 erheblich beeinträchtigt. Denn die Reichsstadt hatte selbst östlich der Burggrafenburg damit angefangen, eigene Mauern und Bauten zu errichten. Der Streit zwischen der Stadt und den Zollern eskalierte, als während der Abwesenheit des Burggrafen im Winter innerhalb von nur fünf Monaten ein viereckiger Turm so erhöht worden war, dass man die daneben liegende Burganlage förmlich kontrollieren konnte.

→ **Palas**: Wohn- und Saalbau einer mittelalterlichen Pfalz oder Burg.

→ **Kemenate**: Heizbarer Wohnraum in einer Burg besonders für Frauen, im übertragenen Sinn das ganze Gebäude.

Beziehungsreich nannte man den Turm Luginsland, und in den Chroniken heißt es, wegen der kalten Jahreszeit hätten die Nürnberger sogar Salz unter den Mörtel gemischt, damit er rascher abbinden könne. Für die Zollern war die Burggrafenburg vollends wertlos geworden, als sie während eines Krieges mit Herzog Ludwig VII. von Bayern-Ingolstadt (1413–1447) bei einem nächtlichen Überfall besetzt und niedergebrannt worden war. Es erfolgte kein Wiederaufbau mehr. Überhaupt hatte sich das Interesse der Zollern in den Norden des Reichs verlagert, nachdem König Sigmund (1410–1437) im Jahr 1415 Burggraf Friedrich VI. mit der Mark Brandenburg belehnt hatte. Zur gewaltsamen Durchsetzung seines Herrschaftsanspruchs in diesem Land, das seit 1356 mit der Kurwürde verbunden war, benötigte der Hohenzoller Geld. Diese Zwangslage nutzte der Nürnberger Rat kühl berechnend aus und kaufte dem Kurfürsten Friedrich I. (bzw. Burggraf Friedrich VI. von Nürnberg) am 27. Juni 1427 für die ungeheure Summe von 120.000 Gulden die zerstörte Burggrafenburg zu Nürnberg mit all den daran hängenden Rechten ab. Der Rückzug der Zollern von Nürnberg ging einher mit ihrem Aufstieg als Kurfürsten von Brandenburg und spätere Könige in Preußen. Allerdings konnte sich der Sohn Friedrichs I., Albrecht Achilles, mit den Folgen dieses Vertrags nicht abfinden und zettelte mehr als 20 Jahre später einen verheerenden Krieg mit der Reichsstadt Nürnberg an. Ungeachtet dessen lösten sich die fränkischen Zollern von ihren Hauptburgen und verlegten im Laufe des 15. Jahrhunderts ihre Residenzen nach Ansbach bzw. 1603 nach Bayreuth.

Die Sonderrolle Nürnbergs unter den Luxemburgern und den Habsburgern

Sowohl Kaiser Ludwig der Bayer (1314– 1347) als auch Kaiser Karl IV. (1346– 1378) waren der Stadt an der Pegnitz sehr zugetan und förderten sie mit einer Fülle von Privilegien. Allerdings handelten sie nicht uneigennützig, denn ihnen stand die jährlich zu entrichtende hohe Stadtsteuer zu. Außerdem nutzten sie die Finanzkraft der hier ansässigen vermögenden Kaufleute in großem Umfang. Besonders der in Prag residierende Herrscher aus dem Geschlecht der Luxemburger hat der Stadt mit dem Hauptmarkt (1349), der Frauenkirche (1355–1358) und dem Schönen Brunnen (1385–1392) ein einzigartiges architektonisches Gepräge gegeben. Die Bevorzugung Nürnbergs vor allen anderen Städten im Reich neben der Wahlstadt Frankfurt am Main

Figur Kaiser Karls IV. am Schönen Brunnen

und der Krönungsstadt Aachen wurde 1356 offenkundig, als hier die Goldene Bulle verabschiedet wurde, die noch im selben Jahr in Metz publiziert wurde. Im Heiligen Römischen Reich, das keine kodifizierte Verfassung kannte, war diese mit einem goldenen Siegel beglaubigte Urkunde eine Art erstes Reichsgrundgesetz. Es hatte bis zu dessen Auflösung im Jahr 1806 Gültigkeit. Darin wurde die ausschließliche Berechtigung der Sieben Kurfürsten zur Königswahl festgelegt, die mit Stimmenmehrheit entschieden. Die von König Karl IV. so sehr geliebte Reichsstadt sollte nach jeder Königswahl zwar erster Tagungsort sein, doch konnte dies wegen akuter Seuchengefahr gleich zu Beginn und dann auch später nicht realisiert werden.

→ **Wahlstadt** (Frankfurt): Wichtige karolingische Kaiserpfalz, ab 1147 wegen der zentralen Lage und der Nähe der vier rheinischen Kurfürstentümer häufig Wahlort der deutschen Könige, 1356 in der Goldenen Bulle festgelegt, ab 1562 auch dauernder Krönungsort.

→ **Krönungsstadt** (Aachen): Grabstätte Kaiser Karls des Großen in der von ihm gegründeten Marienkirche, deshalb zwischen 936 und 1531 Ort der Krönung und Besitzergreifung der deutschen Könige, seit 1356 in der Goldenen Bulle festgelegt.

Die ambivalente Haltung des Luxemburgers gegenüber den fürstlichen Landesherrschaften und den immer stärker werdenden Reichsstädten kam in einem Passus der Goldenen Bulle zum Ausdruck, demzufolge die Städte keine Pfahlbürger – also außerhalb der Mauern ansässige Personen mit Bürgerrecht – aufnehmen durften. Darin lag letztlich der Anlass für den das Reich bis 1388 stark erschütternden Städtekrieg, nachdem sich 14 Reichsstädte Schwabens und später Frankens schon 1376 zu einem Bund zusammengeschlossen hatten. Sie fürchteten um ihre Unabhängigkeit, weil sie wegen der vom König auferlegten, sehr hohen Steuern die Gefahr eines Verkaufs oder der Verpfändung an Fürsten sahen. Selbst die vorsichtigen Nürnberger schlossen sich schließlich dem Bund an, doch wurde das reichsstädtische Heer am 23. August 1388 nahe Stuttgart von einem Fürstenheer vernichtend geschlagen. Obwohl dies die Städte des Reichs in ihrer politischen Entwicklung zurückgeworfen hat,

ZWISCHEN KAISER UND REICH

Hauptmarkt mit Schönem Brunnen und Frauenkirche anstelle des 1349 niedergelegten Ghettos und der Synagoge

konnte sich Nürnberg nicht zuletzt dank seiner wirtschaftlichen und finanziellen Kraft behaupten.

Auch der um seine Herrschaft in Ungarn, im Reich und in Italien ringende König Sigmund (1410–1437) stützte sich in außergewöhnlichem Maß auf diese Reichsstadt. Er setzte die Politik seines Vaters fort und so wurden immer wieder Reichs-

NÜRNBERG IM 15. JAHRHUNDERT

Das Rathaus mit gotischem Saal von 1340 und Erweiterungsbau von 1617–1622

tage, Fürsten- und Städtetage nach Nürnberg einberufen. Hier diente das Rathaus mit dem zwischen 1332 und 1340 errichteten Ratssaal, seinerzeit der größte Profanbau nördlich der Alpen, als repräsentativer Raum für herrschaftliche Versammlungen. Nicht nur die zentrale Lage im Reich, die Größe, die politische und ökonomische Bedeutung sprachen für die Stadt, sondern vor allem die Reichstreue und die den Kaisern unter manchen Opfern immer wieder erwiesene Verbundenheit. Eine außergewöhnliche Gnade gewährte schließlich König Sigmund mit der ewigen Übertragung der Reichskleinodien. Für den Reichs- und Kronschatz hatte Karl IV. eigens den prächtigen Karlstein westlich von Prag bauen lassen, doch ließ Sigmund ihn wegen der Erhebung der Hussiten in Böhmen zunächst nach Ungarn außer Landes in Sicherheit bringen. In dieser Notlage verfügte das Reichsoberhaupt schließlich am 29. September 1423, dass *„das obgeschriben heiligtum ewiclich und unwiderruflich in der obgeschriben unser stat Nuremberg bleiben und sein"* soll. Die Einholung der wie Reliquien verehrten Objekte am 22. März 1424 wurde wie ein allerhöchstes Fest begangen.

→ „Die oberzählte Reichs Cleinodien und Heiltumb sein aus Verordnung König Sigmunds ... gen Nürnberg gebracht worden, ... und angelanget an S. Benedicten Tag oder Mittwoch nach Reminiscere in der Fasten dies 1424.ten jars, an welchem tag man ein Fest und Feiertag angestellet, alle Gefangene ledig gelassen und die Verurteilte und Justificirte vom Hohen Gericht [= Galgen] abgenummen. Die ganze Clerisei und Ordensleut oder Brüderschaften, nachmals der Rat und ganze Bürgerschaft, Manns- und Weibspersonen, sein in einer stattlichen Proceßion ordenlich zum Frawenthor bis weit für das Hohe Gericht hinaus, diesem so hochgehaltenem Heiltumb entgegengangen, welches man auf einem Wagen geführet, auf welchem hinden und vornen etliche junge Knaben als Engel bekleidet gesessen, haben brennende Wachskerzen in den Händen getragen ..." (Johannes Müllner, Annalen der Reichsstadt Nürnberg II S. 247).

Schon wenige Wochen später fand eine öffentliche Schaustellung der Objekte statt, die jährlich bis kurz vor der Einführung der Reformation in Nürnberg wiederholt wurde. Im städtischen Festkalender hatte der „heiltum tag", der immer am zweiten Freitag nach Ostern begangen wurde, eine ganz außergewöhnliche Bedeutung. Von nah und fern strömten Tausende von Besuchern zusammen, damit sie bei der Weisung oder Zurschaustellung der vornehmsten Reliquien des Reichs anwesend waren und an dem Gnadenschatz teilhaben konnten. Auch

NÜRNBERG IM 15. JAHRHUNDERT

Johann Adam Delsenbach (1687–1765): Teile der Reichskleinodien.
Oben: Kaiser Sigmund im Ornat, Reichskrone; unten: Handschuhe, Strümpfe,
Schuhe des Krönungsornats; Reichsschwert und Zeremonienschwert

wenn der Kaiser im fernen Preßburg, Innsbruck oder Wien weilte, so wurde bei den Messfeiern die Verbindung von Herrscher, Reich und dessen vornehmster Stadt offenkundig.

→ **Gnadenschatz**: Aus Verdiensten der Heiligen bestehende und von der Kirche übermittelte göttliche Gnade.

Am Hauptmarkt baute man eigens eine etwa sieben Meter hohe, mehrstöckige Bühne auf, auf der ganz oben fünf Äbte aus der Stadt die einzelnen Stücke wie Reichskrone, Reichsapfel, Szepter, Schwert, Reichskreuz, Heilige Lanze usw. zeigten. Ein Geistlicher verkündete anhand des „Schreizettels" mit lauter Stimme die einzelnen Reliquien und die mit ihnen verbundenen Ablässe. Nach der Zeremonie brachte man die Heiltümer zurück in die Kirche des Heilig-Geist-Spitals, wo sie in sicherer, unerreichbarer Höhe des Hauptschiffs an zwei Ketten schwebten. Hierfür hatte der Rat schon 1438 von den Goldschmieden Hans Scheßlitzer und Peter Ratzko einen prächtigen Schrein aus Eichenholz in Form einer sargförmigen Kiste mit Satteldach verzieren lassen. Rautenförmige Silberbleche zeigen abwechselnd das kleine und das große Nürnberger Stadtwappen, den Königskopfadler. Die Ketten der Truhe konnten nur vom Dachboden aus über das „Versperr" bedient werden, wozu aber eine Fülle verschiedener Schlüssel erforderlich war. Anlässlich der Weisungen im 15. Jahrhundert, zur Krönung der gewählten Könige des Heiligen Römischen Reichs und für manch hochrangigen Besuch wurde der Schrein herabgelassen und ein letztes Mal 1792 von einer Nürnberger Gesandtschaft nach Aachen oder Frankfurt eskortiert und rasch wieder zurückgebracht. Mit dem religiösen Volksfest der Verkündung war seit 1424 eine daran anschließende zweiwöchige Kaufmesse verbunden, denn das Geschäft sollte auch nicht zu kurz kommen.

Sigmund war der Stadt sichtlich zugetan, was bei seiner Kaiserkrönung am 30. Mai 1433 in Rom nochmals auf eindrucksvolle Weise bestätigt wurde. Einen Tag nach diesem Festakt bestätigte er auf Bitten der eigens in die Stadt am Tiber entsand-

Gedruckter Wallfahrtsführer von 1487 über die Heiltumsweisung (Staatsarchiv Nürnberg)

ten Ratsherren acht ältere Privilegien und räumte der Reichsstadt noch ein weiteres über die Bestrafung von Straßenräubern ein. Die Erhabenheit der neuen Würde Sigmunds spiegelte sich in der Form der Beurkundung durch goldene Metallsiegel (sogenannte Bullen), was letztlich auch dem Prestige und dem gesteigerten Selbstverständnis Nürnbergs entgegenkam. Im Jahr 1717 ließ der Rat letztmals eine Urkunde vom Kaiser mit goldener Bulle siegeln, wie immer auf eigene Kosten. Damit verfügte man im reichsstädtischen Archiv über 27 dieser vornehm beglaubigten Urkunden, was im Vergleich zu Königen, Fürsten, Grafen und Reichsstädten in ganz Deutschland einzigartig ist.

Die enge Beziehung zum Reichsoberhaupt konnte unter den nächsten beiden Kaisern aus dem Hause Habsburg noch aufrechterhalten werden. Allerdings auf besondere Art und Weise pflegte diese der junge, als recht schwermütig bekannte Herzog Friedrich V. von Österreich bzw. spätere Kaiser Friedrich III. (1440–1493). In Nürnberg war es seinerzeit ein offenes Geheimnis, dass dieser eine Liaison mit einer Tochter aus altem Rats- und Kaufmannsgeschlecht hatte. Die Affäre begann wohl auf dem Reichstag 1444 und dauerte spätestens bis zum Jahr 1452, als der zum Kaiser gewählte Friedrich III. Königin Eleonora von Portugal (1436–1467) ehelichte. Die heimliche Geliebte, Katharina Pfinzing (1430/32–vor 1494), war nicht standesgemäß, genauso wenig wie die Augsburgerin Philippine Welser, die mehr als hundert Jahre später von Erzherzog Ferdinand II. ohne Wissen seines Vaters geheiratet wurde. Dessen Ururgroßvater war noch der Räson des Hauses Habsburg gefolgt und hatte die schöne Nürnbergerin mit einem angesehenen Bürger aus Innsbruck den Bund der Ehe schließen lassen.

Ein Bistum Nürnberg?

Es ist bemerkenswert, welches Selbstbewusstsein der Nürnberger Rat im Laufe des 15. Jahrhunderts entwickelte. Dies war nicht zuletzt auf viele persönliche Bekanntschaften und bei aller Untertänigkeit auch auf manche Freundschaften mit dem Reichs-

NÜRNBERG IM 15. JAHRHUNDERT

Die Sebalduskirche, links: Ansicht zwischen 1860 und 1890

oberhaupt zurückzuführen. An dieser Stelle muss jene Episode erwähnt werden, die zwar infolge der Geschehnisse knapp zwei Generationen später unwichtig geworden ist, doch ungeahnte Sprengkraft entwickeln hätte können. Am 31. Dezember 1474 konnte der Rat bei der Römischen Kurie endlich durchsetzen, dass die beiden Stadtpfarreien St. Sebald und St. Lorenz zu Propsteien erhoben wurden. Damit wurde die reichsstädtische Hoheit über die Kirchen und die Klöster erheblich gefestigt, was letztlich auf eine Herauslösung Nürnbergs aus den Sprengeln der Bischöfe von Bamberg und Eichstätt zielte. Die wertvolle Urkunde mit anhängender Bleibulle wurde von dem wegen seiner hemmungslosen Vetternwirtschaft umstrittenen Papst Sixtus IV. (1471–1484) ausgefertigt, dem Auftraggeber der nach ihm benannten Sixtinischen Kapelle. Sein Vorvorgänger auf dem Stuhl Petri, Papst Pius II. (1458–1464), kannte dagegen die Stadt aus eigener Anschauung sehr gut. Vor seiner Wahl war

Die Lorenzkirche mit Hauptportal und Rosette

jener Aeneas Sylvius kaiserlicher Geheimsekretär Friedrichs III. und später päpstlicher Legat im Deutschen Reich. In seiner 1458 vorgelegten Weltbeschreibung von Asien und Europa würdigte er Nürnberg auf ganz besondere Weise: *„Wieviel Bürgerhäuser findet man dort, die der Könige würdig wären! Gern möchten die schottischen Könige den Wunsch haben, so herrlich zu wohnen wie die Durchschnittsbürger zu Nürnberg"*. Das war zwar völlig übertrieben, doch mit einer anderen Beobachtung hat er das Lebensgefühl der Stadt sehr präzise getroffen: *„Ipsi Norimbergenses nec Baioarios nec Francones videri volunt. Sed tertium quoddam seperatum genus"* [Die Nürnberger selbst wollen weder als Bayern noch als Franken angesehen werden, sondern gewissermaßen als eine dritte Art].

→ **Propstei**: bedeutende Pfarrei, auch reguliertes Chorherrenstift.

Auf Augenhöhe mit den Reichsfürsten

Vor allem unter Kaiser Maximilian I. (1486–1519) trat Nürnberg als Wortführer der fränkischen und einiger schwäbischer Städte auf. Das Heilige Römische Reich wird in der Forschung als ein „Gefüge verdichteter Herrschaft" charakterisiert, das sich aus verschieden großen und verschieden wichtigen Reichsständen zusammensetzte. Aus den eher personalen Hoftagen des 13. und 14. Jahrhunderts entwickelten sich die Reichsversammlungen des 15. Jahrhunderts, die vom Kurfürstenrat und dem Fürstenrat dominiert wurden. Noch unter Kaiser Friedrich III. wurden die Reichsstädte von den Reichstagen ausgeschlossen, obwohl man sie als „merkliche Glieder des Reichs" bezeichnet hatte. Ab den 1480er Jahren stiegen gerade für sie die finanziellen Belastungen merklich und hier war es wiederum Nürnberg, das am häufigsten mit kaiserlichen oder königlichen Kreditwünschen konfrontiert wurde. Deshalb war es für alle deutschen Reichsstädte ein besonderer Erfolg, dass sie im Jahr 1489 als drittes Kollegium die Reichsstandschaft erlangen konnten, wenngleich ihrem Kollegium nur zwei Stimmen zugebilligt wurden. Ein säkularer Prozess von der königlichen Stadtherrschaft hin zu gleichberechtigter Vertretung auf den Reichstagen war damit zum Abschluss gekommen. Das Reichsstädtekollegium wurde unterteilt in eine Rheinische Bank und eine Schwäbische Bank, die von Regensburg, Augsburg, Nürnberg und Ulm angeführt wurde.

→ **Reichsstand**: unmittelbares Mitglied des Reichs in einem der drei Kollegien (Kurfürsten, geistliche und weltliche Fürsten, Reichsstädte) mit Stimmrecht auf den Reichstagen.

Gerade die Jahrzehnte um 1500 waren geprägt von Bestrebungen nach einer Reform der Verfassung des Heiligen Römischen Reichs. Auf dem Reichstag zu Worms im Jahr 1495 konnten die Stände dem Kaiser einen Vertrag abtrotzen, der eine grundlegende Änderung der Reichsverfassung zur Folge hatte. Mit der Einführung des Ewigen Landfriedens wurde die vor

„Quaternionenadler" von 1510: das Heilige Römische Reich mit seinen Gliedern

allem von den Städten seit Langem erhobene Forderung nach Sicherheit erfüllt und es konnte endlich das lästige Raubrittertum eingedämmt werden. Oft hatte es an exekutivem Schutz für die einzelnen Untertanen, Bürger und Reichsstände gefehlt. Aus diesem Grund wurde zur Schaffung von Rechtssicherheit das Reichskammergericht eingerichtet, das als oberstes Gericht neben dem Hofgericht bis 1806 existierte. Finanziert wurde dies u.a. durch eine allgemeine Kopf- und Vermögensteuer.

→ **Ewiger Landfriede**: auf dem Reichstag zu Worms im Jahr 1495 erlassenes allgemeines Verbot des Fehdewesens, gleichzeitig Gründung des Reichskammergerichts.
→ **Raubritter**: verarmter Niederadliger, der durch missbräuchliche Anwendung der Fehde Straßenraub begeht.

Ein in der Verfassungspraxis völliges Novum war im Jahr 1500 die Einrichtung eines Reichsregiments mit dem Kaiser und 20 Vertretern der Reichsstände. Als dauernden Sitz für dieses Gremium wählte man die bedeutendste Reichsstadt: Nürnberg. Auch in den Jahren 1520/21 war Nürnberg Tagungsort dieser aus der Reformbewegung hervorgegangenen Reichsregierung, welche die Macht des Kaisers erheblich einschränken sollte. Leider scheiterten die Anläufe von 1500 und 1520/21 am Widerstand Maximilians I. und Karls V. (1519–1556), der das Reichsregiment 1531 kurzerhand auflöste.

→ **Reichsregiment**: zwischen 1500 und 1502 sowie 1520 und 1530 bestehender Ausschuss vor allem der Reichsfürsten mit Sitz in Nürnberg zur Mitwirkung an der Reichspolitik.

Das Verhältnis des Reichsoberhaupts zur größten Stadt in Oberdeutschland kühlte sich rapide ab, nachdem die Bürger und der Rat 1525 die Einführung der Reformation beschlossen hatten. Als oberster Schutzherr der Christenheit konnte sich der Kaiser mit dem Gedankengut Luthers keineswegs anfreunden. Daraufhin verlor Nürnberg seine führende Rolle, und das zentrale Geschehen im Reich verlagerte sich zunächst nach Augsburg, ab 1663 mit dem Immerwährenden Reichstag nach Regensburg.

→ **Immerwährender Reichstag**: ständiger Gesandtenkongress der Reichsstände von 1663 bis 1803 in Regensburg.

Welche Potenz man der Reichsstadt Nürnberg am Ende des Spätmittelalters allgemein zugemessen hat, belegt die sogenannte Reichsmatrikel aus dem Jahr 1521. In diesem Verzeichnis waren für alle Reichsstände die Anteile von Truppen zu Ross und zu Fuß festgelegt, welche sie für die Reichsarmee zu stellen oder für den finanziellen Unterhalt des Heeres zu leisten hatten. In Franken mussten die Fürstbischöfe von Würzburg und Bamberg 500 Gulden bzw. 400 Gulden zahlen, der Burggraf von Nürnberg bzw. der Markgraf von Brandenburg-Ansbach ebenfalls 500 Gulden, dagegen die Reichsstadt Nürnberg mit 600 Gulden die größte Summe. Als Vergleich sei kurz angeführt, dass die Reichsstadt Augsburg 500 Gulden und der mächtige Herzog von Bayern 530 Gulden aufbringen mussten. Papst Pius II. hatte es ganz klar erkannt. Für die Nürnberger Bürger war Reichstreue ein unverrückbares politisches Grundprinzip. Sie pflegten bis zum Ende des Alten Reichs ein loyales Verhältnis zum Reichsoberhaupt, auch wenn es ihnen im Laufe des 17. und 18. Jahrhunderts schließlich schwer geschadet hat. Als im Jahr 1481 wegen der drohenden Türkengefahr über finanzielle Hilfe für das Reich gestritten wurde, schrieb der Nürnberger Rat an den zu Augsburg: *„nachdem wir der kaiserlichen maiestät verpflicht sind und das fürnemen, als man vermeynt, zu abbruch des heiligen römischen reichs kome, wir als undertanen des reichs zu helfen schuldig sein sollen."*

Alte und neue Ratsherren

Handel und Gewerbe waren die Triebfedern für das fulminante Wachstum Nürnbergs im Spätmittelalter, dessen Mauern erst im 19. Jahrhundert zu eng wurden. Diese lange Ära wird als die Herrschaft der Ratsgeschlechter bezeichnet. Ein Kreis führender Männer bildete sich erstmals nach 1219 heraus, als Kaiser Friedrich II. die Erhebung der Stadtsteuer nicht von den einzelnen Bürgern, sondern „in communi", also von allen gemeinsam, forderte. Der Verantwortung für die Finanzverwaltung nahmen sich vermögende und im Umgang mit Geld erfahrene Personen an. Dabei handelte es sich um Großkaufleute, die häufig im Reich und außerhalb dessen Grenzen unterwegs waren. Aus diesem Kreis und aus dem der Ministerialität formierte sich im 13. Jahrhundert der Rat. Er gewann vor allem während des Interregnums, also der kaiserlosen Zeit zwischen 1254 und 1273, an Bedeutung, als er gemeinsam mit dem Reichsschultheißen die Geschicke der Reichsstadt leitete. Die Ratsherren waren fast durchweg Kaufleute, die anfangs gleichsam im Nebenamt das Stadtregiment ausübten. Dies umfasste schon im 14. Jahrhundert die Kontrolle vieler Behörden und Bediensteter, die Verwaltung der städtischen Finanzen, die Aufsicht über das Gerichtswesen, über Kirchen, Klöster und Spitäler sowie die Leitung der Außenpolitik usw. Der Erwerb des Reichsschultheißenamts im Jahr 1385 markierte in Nürnberg den Schlusspunkt einer in allen Reichsstädten zu beobachtenden Entwicklung: Die königliche Stadtherrschaft wurde durch den städtischen Rat verdrängt.

An führender Stelle begegnen immer wieder Angehörige alter Kaufmannsfamilien wie die Ebner, Grundherr, Haller, Holzschuher, Nützel, Pfinzing, Schürstab, Stromer, Tetzel, Tucher und Volckamer. Letztlich hatten sie das Heft in der Hand, sie verhandelten mit dem Reichsoberhaupt, sie sorgten für Frieden in der Stadt und sie waren verantwortlich, wenn Streit, Fehden oder Krieg drohten. Fast zeitgleich mit der Anerkennung des Kurfürstenkollegiums in der Goldenen Bulle von 1356 entstand das vornehme Gremium der Sieben Älteren Herren. Dabei handelte es sich um erfahrene, angesehene Ratsherren, die bei der jährlich kurz nach Ostern abgehaltenen Wahl jedes Mal aufs Neue im Amt bestätigt wurden. Hatte man einmal diesen Rang erreicht, galt es für das ganze Geschlecht als unehrenhaft, wenn sich der Einzelne dieser öffentlichen Verpflichtung entzog. Letztlich waren es diese grauen Eminenzen, welche an der Spitze des Rats und damit der Reichsstadt standen.

In der ungeschriebenen, im 15. Jahrhundert durch die Herrschaftspraxis sich verfestigenden Verfassung gab es einige grundlegende Prinzipien, die das erfolgreiche Funktionieren dieses Systems gewährleisteten. Es durften nie mehr als zwei Vertreter einer Familie im Kleineren Rat mit 34 patrizischen Mitgliedern vertreten sein. Die Geschäftsführung wechselte alle vier Wochen, bis je 13 ältere und 13 jüngere Bürgermeister amtiert hatten. Ein Aufstieg innerhalb der Rangordnung war nur über viele Jahre hinweg möglich. Und vor allem musste von den Sieben Älteren Herren jeder aus einem anderen Geschlecht abstammen, sodass ein plötzlicher Umsturz durch eine kleine aber mächtige Partei wie etwa in Regensburg in den Jahren 1330 bis 1334 verhindert wurde. Im Rat gab es einerseits eine strenge

Hierarchie, weshalb bei Abstimmungen gemäß mittelalterlichem Denken nicht die quantitative Mehrheit, sondern die Stimmen der Vornehmen und Älteren die wichtigen Entscheidungen herbeiführten. Als vorderste Repräsentanten der Reichsstadt Nürnberg traten die zwei Losunger bzw. die drei Obersten Hauptleute auf. Schon in der ersten Hälfte des 15. Jahrhunderts sind diese herausgehobenen Funktionen auf zwei bzw. drei ältere Bürgermeister vereinigt worden, und in dem mittelhochdeutschen Wort „Losunger" klingt noch die Zuständigkeit für das Finanzwesen nach. Schließlich wurde es ab 1571 eine Formsache, dass man dem Vordersten Losunger das Amt des Reichsschultheißen übertrug. Wegen der ständig steigenden Belastung mit Aufgaben wurde eine Besoldung gewährt und den dreimal in der Woche tagenden Bürgermeistern Sitzungsgelder ausbezahlt.

Der Erwerb der „Neuen Landschaft" im Jahr 1504 und die Einführung der Reformation 1525 erforderten schließlich neue Verwaltungen mit eigener Hierarchie. Allmählich wurde für die Angehörigen des Patriziats die Übernahme öffentlicher Ämter für ihr eigenes Auskommen immer attraktiver, nachdem sich die Ratsgeschlechter bis zum Ende des 16. Jahrhunderts fast völlig aus dem Handel zurückgezogen hatten. Für den Lebensunterhalt war man auf eines der gut besoldeten Ämter oder gar einen Sitz im Kleineren Rat angewiesen. Selbstverständlich pflegten die führenden Familien nicht immer ein harmonisches Miteinander, es gab gelegentlich auch heftige Streitigkeiten und manch handfesten Krach. Besondere Spannungen im regierenden Rat entstanden aufgrund des Aussterbens manch alter Familien und dem Vordringen wirtschaftlich sehr erfolgreicher, junger Geschlechter. Zu ihnen gehörten die Harsdörffer, Imhoff, Kreß, Löffelholz, Paumgartner, Pirckheimer, Pömer, Rieter und Welser, die auch auf entsprechende politische Teilhabe pochten. Dies wurde ihnen vom alten Establishment verwehrt, bis die Alteingesessenen zu Beginn des 16. Jahrhunderts nachgaben und den jungen Geschlechtern Gleichrangigkeit einräumten.

Beim Aufstieg an die Spitze des Rats zählte nun nicht mehr „richtige" Herkunft, sondern auf lange Frist angesetztes Nachrücken in Positionen, die durch das Ableben der Stelleninhaber freiwurden. Ratsherrschaft in Nürnberg war Oligarchie, also die Herrschaft eines kleinen Kreises von Angehörigen aus ca. 30 Familien. Nur wer davon abstammte, hatte die Aussicht auf eine Wahl in den Kleineren Rat der Reichsstadt Nürnberg, der Legislative, Exekutive und Judikative in einem war. Damit unterschied er sich kaum von der Herrschaft in anderen Territorien, die von Reichsrittern, Grafen, Herzögen, Fürsten und Königen oder von Domkapiteln und geistlichen Reichsfürsten absolutistisch, das heißt ohne Begründung ihrer Legitimation, ausgeübt wurde.

Eine Beteiligung der Bürger am Stadtregiment war überhaupt nicht vorgesehen, auch wenn seit dem 15. Jahrhundert der „Größere Rat" entstanden ist. Es handelte sich hier um einen Kreis von anfangs vielleicht 200 „Genannten", die nur durch Kooptation des Kleineren Rats in dieses Ehrenamt befördert wurden. Allerdings gehörten dazu alle Angehörigen von Ratsfamilien, sobald sie in den Stand der Ehe getreten waren. Aus dem Bürgertum wurden vor allem Kaufleute, aber auch Juristen, Apotheker und Ärzte sowie eine Vielzahl von Handwerksmeistern aufgenommen. Die Berufung Albrecht Dürers in diesen Kreis im Jahr 1509 war ein Ehrenerweis, doch ein Mehr an bürgerlicher Reputation konnte ihm nicht gewährt werden. Immerhin durften die Genannten in der 1495 eingerichteten „Herrentrinkstube" verkehren, wo sie mit Mitgliedern des Rats und angesehenen auswärtigen Kaufleuten zusammentreffen konnten.

→ **Kooptation**: Aufnahme eines neuen Mitglieds in eine Körperschaft durch deren Mitglieder.

Ein unglaublicher Skandal

Der Kleinere Rat verstand sich als „gute Obrigkeit", von der man auch einen entsprechenden Lebenswandel erwartete. Gegen dieses Gesetz verstieß im Jahr 1469 einer der vordersten Repräsentanten der Reichsstadt, der angesehene aus altem Geschlecht stammende Nikolaus III. Muffel. Der Vorderste Losunger wurde dabei ertappt, als er aus der städtischen Kasse eine größere Summe von Goldgulden gestohlen und außerdem noch Vertrauliches aus den Ratssitzungen nach außen getragen hatte. Unnachsichtig machten ihm die Standesgenossen den Prozess, bei dem nur ein Urteil gefällt werden konnte. Nach peinlicher Untersuchung, das heißt teilweise unter Anwendung der Folter, und umfassendem Geständnis wurde Muffel zum Tode verurteilt. Am 28. Februar 1469 wurde er vor aller Augen zum Hochgericht vor dem Frauentor hinausgeführt und dort mit dem Strang gerichtet. Die Ratsherren, die über den eigenen Standesgenossen zu Gericht saßen, wollten sich nichts nachsagen lassen und fällten ihr eindeutiges Urteil. Unschuldig war dagegen die Familie Muffel, und unangesehen des Schicksals ihres Vaters nahm man die Söhne später in den Rat auf.

Diese aufwühlende Begebenheit ist in der Stadt unvergessen geblieben und selbstverständlich wusste auch der Schuhmachermeister und Meistersinger Hans Sachs davon. In seinem langen „Lobspruch der Stadt Nürnberg" aus dem Jahr 1530 huldigte er seiner Obrigkeit auf poetische Weise:

„Da ist in dieser Stadt
Ein fürsichtiger weiser Rat,
der so fürsichtiglich regiert
Und alle Ding fein ordiniert ...
Fast jedes Handwerk in der Stadt
Auch sein geschworen Meister hat.
Auch seind die Amtleut ohne Zahl
Zu allen Dingen uberall,
Zu versehen all Dienst und Amt,

Daß aus Unfleiß wird nichts versaumt.
Ihr Gsetz und Reformation
Ist fürgeschrieben jedermonn.
Darin ist angezeiget wohl,
Was man tun oder lassen soll;
Und wer sich darin ubergafft [= vergreift],
Der wird nach Gstalt der Sach gestraft.
Auch ist verordnet ein Gericht,
Daran niemand Unrecht geschicht,
Dergleich ein Malefizenrecht [= Strafrecht],
Gleich dem Herren wie dem Knecht.
Also ein ehrsam weiser Rat
Selbs ein fleißig Aufsehn hat
Auf seine Burger aller Ständ
Mit ordenlichem Regiment,
Guter Statut und Polizei,
Gütig, ohn alle Tyrannei …"

EIN KRIEGERISCHES JAHRHUNDERT

Mauern, Türme, Tore

Nürnberg zählte am Anfang des 15. Jahrhunderts etwa 23.000 Einwohner und galt als eine der größten Städte in Oberdeutschland. Wie im gesamten Reich befand man sich in einer einzigartigen, lange anhaltenden Wachstumsphase. Sichtbar wurde dies schon an der sogenannten vorletzten Stadtbefestigung, die im Laufe des 13. Jahrhunderts weitgehend vollendet wurde. Allerdings waren die beiden Stadthälften noch getrennt durch die dazwischen von Ost nach West fließende, mäßig breite Pegnitz, die hier ein Überschwemmungsgebiet hatte. Die nördliche, die Sebalder Hälfte und die südliche, die Lorenzer Hälfte bildeten jeweils eine Art Ellipse, die aber fortifikatorisch noch nicht miteinander verbunden waren. An diese schwirige Aufgabe wagte man sich in den Jahren um 1320/25 mit der Überbrückung am Ein- und Ausfluss der Pegnitz. Im Osten traf der durch die Insel Schütt geteilte Fluss in zwei Armen auf die Stadt, wo zwei mächtige Türme die sensible Stelle gegen Angreifer schützten. Am südlichen Turm kündet heute noch eine Inschrift vom Datum des Baus „1323" und vom Baumeister „Conrat Stromer". Als sie durch die Stadterweiterung hundert Jahre später militärisch überflüssig geworden waren, wandelte man sie zu Gefängnistür-

Oben: Das „Männereisen" – ein aufgelassener Stadtturm der vorletzten Befestigung; unten: Weinstadel, Wasserturm, Henkersteg und Unschlitthaus (von links)

men bzw. Schuldtürmen um. Wegen der darin Einsitzenden wurden sie Männereisen und Fraueneisen genannt, doch fiel der nördlich gelegene Turm 1945 den Bomben zum Opfer. Auf der westlichen Seite konnte man ebenfalls eine Insellage nutzen, da hier zwei Arme der Pegnitz den im 15. Jahrhundert sogenannten Säumarkt (später: Trödelmarkt) umschlossen. Der am nördlichen Ufer aufragende Wasserturm hatte auf der gegenüberliegenden Seite ein kleineres, pittoresk anmutendes Pendant mit vorkragendem Obergeschoss und Walmdach. Dort wies der Rat später einer für das soziale Funktionieren ganz wichtigen Person die Dienstwohnung zu, weshalb man den aufgelassenen Wehrbau Henkerturm nannte. Der Mauerring wurde im Norden vom Tiergärtnertorturm, im Osten vom Laufer Schlagturm und im Südwesten vom Weißen Turm (wegen seines Kalkanstrichs) beherrscht. Über der Stadt thronte die unzugängliche Reichsveste, deren Zugang von der Burggrafenburg kontrolliert wurde.

Doch die umschlossene Fläche reichte für die vielen Menschen nicht mehr aus, die sich in Nürnberg niederlassen und hier Bürger werden wollten. So traf der regierende Rat eine sehr weitreichende Entscheidung und ließ die Stadt um etwa das Doppelte vergrößern. Im Jahr 1346 begann man im Südwesten mit dem Bau eines großen Tors mit Turm und Zwinger, das man wegen seiner Lage vor dem Spital von St. Elisabeth Spittlertor nannte. Im Westen entstand 1380 unterhalb des Tiergärtnertors ein anderer Durchlass, das Neutor, im Osten 1390/91 das Laufer Tor und im Südosten das Frauentor, denn hier hatten die Klarissen und die Magdalenerinnen ihre klösterlichen Niederlassungen. Nach Aussage der Chroniken war der neue Mauerring mit einer Länge von etwa fünf Kilometern um die Wende zum 15. Jahrhundert bereits geschlossen.

Man spricht oft leichthin von der Stadtmauer, doch war sie ein technisch anspruchsvolles, machtvolles Bollwerk. Die Mauerstärke belief sich auf etwa einen Meter, die Höhe auf etwa 7 bis 8,5 Meter. Zur Gewichtsentlastung verwendeten die Bauleute im oberen Abschnitt Ziegelstein, im unteren dagegen Bossenquader und Bruchstein. Zur statischen Absicherung wurden nach Innen rundbogige Mauerblenden errichtet, auf welchen der gedeckte, mit Schießscharten gesicherte hölzerne Wehrgang verlief. Vor allem setzte man im Abstand von ungefähr 50 Metern über 100 verschieden hohe und große Türme. Sie hatten fast alle einen quadratischen Grundriss, womit sie den damals noch gebräuchlichen Wurfgeschützen und Schleudermaschinen gut standhielten. Neben den vier großen mit Vorhof und massiven Türmen gesicherten Toren gab es nur noch einen größeren Zugang zur Vorstadt Wöhrd im Osten sowie oben bei der Burg mit dem Tiergärtnertor. Hier konnten Karren oder Frachtwägen passieren, während das Hallertürlein im Nordwesten und das Vestnertor im Norden ausschließlich von Fußgängern genutzt werden konnten.

Selbstverständlich waren diese wenigen Ein- und Ausgänge der Stadt ständig bewacht. Die Wärter wurden oben auf ihren Türmen eingeschlossen, denn sie sollten dauernd Ausschau halten und in einer Werkstatt oder einem der vielen hölzernen Kamine ausbrechendes Feuer sogleich melden. Erst nach dem Morgengrauen durften die Sperrer die Tore öffnen und mussten sie bei Einbruch der Dunkelheit wieder verriegeln. Wer zu spät kam, hatte in einem Vorort Unterschlupf zu suchen und die nächste Öffnung abzuwarten. Da man auf das Tageslicht angewiesen war und künstliches Licht mittels stinkendem Talg oder teurem Bienenwachs bis in das 19. Jahrhundert hinein sehr kostbar war, orientierte man sich im alltäglichen Leben an der von Monat zu Monat wechselnden Tageslänge. In der Dunkelheit durfte sich niemand in den Gassen der Stadt herumtreiben und wer außerhalb der Stadt unterwegs war, machte sich sofort verdächtig.

Die Erweiterung der Befestigungsanlagen im 14. Jahrhundert war eine gewaltige, sehr weit vorausschauende Maßnahme. Der Rat hatte mit weiten Freiflächen wie beispielsweise der Insel Schütt einen Fluchtraum für die ländliche Bevölkerung im Kriegsfall geschaffen und gleichzeitig eine Siedlungsreserve angelegt. Wie groß diese Stadtplanung dimensioniert war, zeigte die Industrialisierung des 19. Jahrhunderts, als Nürnberg erst 500 Jahre später über die spätmittelalterlichen Grenzen hinaus zu wachsen begann.

Eiliger Bau des Stadtgrabens

Wegen ihres religiösen Eifers und ihrer geschickten Taktik waren sie sehr gefürchtet. Zahlenmäßig weit überlegenen Ritterheeren beggneten sie mit gut organisierten Wagenburgen, aus denen sie nach einem ersten Angriff des Gegners mit vielen Fußsoldaten hervorbrachen. Unter Salvenfeuer drangen sie dann auf die gewappneten Reiter ein, die mit eisenbestückten Dreschflegeln förmlich heruntergefegt und totgeschlagen wurden.

Sie nannten sich nach dem Theologen und Reformator Jan Hus (um 1370–1415) Hussiten. Wegen seiner Predigten in tschechischer Sprache und wegen seines Kampfs gegen die verweltlichte Amtskirche wurde er vom Papst 1410 mit dem Kirchenbann belegt. Damit er sich auf dem Konzil zu Konstanz, einer der größten Kirchenversammlungen des Mittelalters, rechtfertigen konnte, hatte ihm König Sigmund (1410–1437) freies Geleit zugesichert. Doch Jan Hus fand sich nicht zum Widerruf bereit, weshalb man ihn als Ketzer zum Feuertod verurteilte und am 6. Juli 1415 auf dem Scheiterhaufen verbrannte. Seine Anhänger erhoben sich im Jahr 1419 und es gelang ihnen bis 1433, insgesamt fünf Kreuzzüge aus dem Reich nach Böhmen blutig abzuwehren. Sogar Sigmund, der König von Böhmen und seit 1433 gekrönter Kaiser, war im eigenen Land machtlos, in dem sein Vater Kaiser Karl IV. (1346–1378) so souverän und sein älterer Bruder König Wenzel (1376–1400) so glücklos regiert hatten.

→ **Kirchenbann**: Exkommunikation oder Ausschluss aus der Kirche.

Durch ihre Erfolge ermutigt drangen die Hussiten in Raubkriegen nach Schlesien, Mähren, Sachsen und Franken vor. Sie stürmten die Städte Bayreuth, Kulmbach und Hof, Bamberg wäre fast eingenommen worden, und verwüsteten ganze Dörfer. Nachdem Reichstruppen im Sommer 1427 vor den Hussiten erneut die Flucht ergriffen hatten, fühlte man sich in Nürnberg zum Handeln gezwungen – obwohl einige Kaufleute mit den Aufständischen lukrativen Schwarzhandel trieben. Zwar hatte man den Mauerring glücklicherweise schon geschlossen, doch ein ganz wesentlicher Bestandteil der Befestigung fehlte: der Graben. Daraufhin erließ der Rat im Oktober 1427 das Gebot, dass alle Bürger ab dem zwölften Lebensjahr zur Schanzarbeit verpflichtet wurden. Die gesamte Einwohnerschaft ging zehn Jahre lang mit Schaufeln zu Werk, und man hat errechnet, dass an Aushub etwa 1,5 Millionen Fuhren mit Bauernwagen angefallen sind. So entstand der fünf Kilometer lange, etwa 20 Meter breite und zwölf Meter tiefe Graben, der auf beiden Seiten noch mit Stütz- oder Futtermauern abgefangen wurde. Der gewaltige Erdaushub dürfte dafür verwendet worden sein, das einst breite Flussbett der Pegnitz auf beiden Seiten zu verengen, um die Wasserkraft innerhalb der Mauern besser nutzen zu können.

→ **Schanzarbeit**: schweres anstrengendes Graben oder Aufwerfen von Schanzen.

Bürger verteidigen ihre Stadt

Wer hätte die Stadt sonst schützen und sichern sollen, als die Bürger selbst. Es war eine existentielle Erfahrung der spätmittelalterlichen Gesellschaft, dass man sich selbst verteidigen musste; mit fremder Hilfe konnte man kaum rechnen und wer hätte sie auch gewähren können? Deshalb ließ der Rat in dieser Zeit das „Harnischbuch" anlegen, das heute im Staatsarchiv Nürnberg verwahrt wird. Die beiden Stadthälften waren jeweils in Viertel eingeteilt, denen sogenannte Viertelmeister vorstanden. Ihnen nachgeordnet waren die Gassenhauptleute oder „Capitanei". Sie mussten von Haus zu Haus gehen und die Bürger unter Eid befragen, ob sie genug Harnische besaßen und über größere Vorräte an Getreide und Nahrungsmitteln sowie Salz zum Konservieren verfügten. Auf diese Weise zählte man im Jahr 1431 insgesamt 2.582 Ringpanzer, Kettenhemden und einige der moderneren Plattenharnische. Selbstverständlich verwahrte jeder wehrfähige Bürger seinen Harnisch bei sich zu Hause und dazu noch Helm und Schild sowie entsprechende Bewaffnung wie Messer, Beile, Schwerter, Hellebarden oder Armbrüste. Letztere waren die seinerzeit am meisten gefürchteten Angriffswaffen. Im Gegensatz zu den Hieb- und Stichwaffen konnten sie ohne das Geräusch eines Abschusses über weite Entfernungen mit hoher Präzision eine ungeheure Durchschlagskraft entfalten.

Harnische aus Nürnberger Produktion, Hausbuch der Mendelschen Zwölfbrüderstiftung (Stadtbibliothek Nürnberg)

Zur Stärkung der allgemeinen Wehrfähigkeit hat der Nürnberger Rat der Gruppe der Armbrustschützen vor der Stadt eigene Übungsplätze zugewiesen. Aus diesem Anlass erwarb man von einer alten Nürnberger Familie 1434 ein weitläufiges Grundstück unmittelbar im Westen der Stadt, das heute noch nach den ehemaligen Besitzern Hallerwiese genannt wird. Noch im selben Jahr ließ der städtische Baumeister dort mehrere Reihen von Lindenbäumen pflanzen, von denen ein jeder für „graben, setzen, zeundörnen stecken" 18 Pfennige gekostet hatte. Eine andere Gruppe waren die Schnepperschützen, welche die leichteste Armbrust, die „schnepper", mit sich führten. Sie trafen sich zunächst auf der Insel Schütt und seit 1506 – nach manch tödlichem Unfall – unterhalb der Burg im Vestnertorgraben. Hier veranstalteten sie ein jährliches Preisschießen auf einen an einer Stange befestigten Stern oder Adler.

Mit der schwersten Armbrust über die lange Distanz von 100 Metern übten dagegen die Angehörigen der Ratsgeschlech-

Die Hallerwiese – Erholungsstätte und Übungsplatz

ter. Sie versammelten sich im ehemaligen Stadtgraben unterhalb des Lauferschlagturms beim alten „Pleidenhaus" (von „blide" bzw. Wurfspeer). Dieses reichsstädtische Zeughaus wurde erstmals 1383 erwähnt; 200 Jahre später wurde an dessen Stelle das Herrenschießhaus errichtet. Die Armbrust war bis in das 16. Jahrhundert hinein die wichtigste Waffe, denn die allmählich aufkommende Hakenbüchse war als Vorderlader noch zu schwer und überdies aufwendig zu bedienen.

Aufgrund der leichten Handhabung löste die Armbrust nicht nur einen militärischen, sondern auch einen sozialhistorischen Wandel aus. Als Ideal des Hochmittelalters galt der vornehme Ritter, der als schneller, leicht gepanzerter Reiter hauptsächlich mit der Lanze und mit dem Schwert im Zweikampf auf seinesgleichen traf. Dagegen war der Fußknecht zunächst chancenlos. Erst die Bewaffnung mit der Armbrust machte ihn gegenüber dem adligen Reiter überlegen, der sich nun schwerer panzern musste und wegen der kräftigeren Pferde im Feld immer langsamer wurde. In den Hussitenkriegen der 1420er und 1430er Jahre siegten Leute aus niederen sozialen Schichten über den Adel, und die erfolgreichen Schlachten der Eidgenossen im Schweizer Krieg von 1499 gegen das Haus Habsburg stehen fast am Ende dieser säkularen Entwicklung.

Eingangsgebäude des ehemaligen Zeughauses von 1588

Die Entdeckung des Schwarzpulvers revolutionierte nicht nur das Kriegsgeschehen im frühneuzeitlichen Europa. Aus der in Nürnberg seit dem 13. Jahrhundert bekannten Tradition des Glockengusses entwickelte sich das Handwerk der Geschützgießer und der Rotschmiede. Sie gaben ihren Mörsern und Kanonen vermeintlich liebevolle Namen: „die scharfe Metz", „die Singerin", „die Nachtigall". Mit der Aufbewahrung des schweren Kriegsgeräts erhielt das Zeughaus eine ganz andere Bedeutung und es entstand seit der Mitte des 15. Jahrhunderts der neue Beruf des Büchsenmeisters oder Zeugmeisters, der für Pflege und Reparatur von Geschützen, Waffen und Munition verantwortlich war. Das Nürnberger Zeughaus, das sich über einen mehr als 300 Meter langen Abschnitt der vorletzten Stadtbefestigung erstreckte, war bis zum Ende des Heiligen Römischen Reichs sehr berühmt. Leider ist von diesem gewaltigen Waffenarsenal kaum etwas erhalten geblieben. Denn unter französischer und dann kaiserlicher Besetzung wurde 1796 das „vorzügliche Arrangement der Waffen" mitgenommen und der Rest zum Metallwert verkauft und eingeschmolzen. Einen Eindruck von der ehemaligen Größe kann man sich heute nur noch in der Steiermark verschaffen, wo das waffenstarrende Landeszeughaus in Graz noch vollständig erhalten ist.

Hier kann man auf vielen Tausenden von Harnischen kleine Beschlagmarken in Form eines „N" und eines Wappens ausfindig machen: gespaltener Schild, vorne der halbe schwarze Reichsadler am Spalt, hinten von Rot und Silber fünfmal schräg geteilt. Es handelt sich um eines der drei Nürnberger Hoheitssymbole, denn Rüstungen waren neben Handfeuerwaffen einer der großen Exportschlager dieser stolzen Reichsstadt.

→ **Hoheitssymbol**: Sinnbild landesherrlicher Gerichtsbarkeit und Macht (z.B. Hochgericht, Wappen).

Der Krieg des Markgrafen Albrecht Achilles

Die modernen Befestigungsanlagen waren ein sichtbares Zeichen der Geschlossenheit und der Stärke aller Bürger. In den Hussitenkriegen war Nürnberg glimpflich davon gekommen, denn die Böhmen hatten sich nicht an die hochgerüstete Stadt herangewagt. Doch in der Mitte des 15. Jahrhunderts bekam man es mit einem anderen Gegner zu tun. Markgraf Albrecht Achilles von Brandenburg-Ansbach (1440–1486) suchte in Franken seine Macht und seinen Einfluss zu erweitern, wobei er Nürnberg als seinen größten Feind erachtete. Der mächtige Reichsfürst hegte eine Abneigung gegen die in der Hierarchie unter ihm stehenden Reichsstädte, weshalb er seit dem Jahr 1446 ein Bündnis mit fränkischen Fürsten, Grafen und Rittern gegen die „furnemste und basz gelegenste stat des riches", wie Kaiser Karl IV. einst Nürnberg charakterisiert hatte, schmiedete. Am 29. Juni 1449 übersandte der Markgraf einen Fehdebrief und wenige Tage später begann er mit seinem verheerenden Kriegszug.

→ **Fehdebrief**: förmliches Schreiben zur Ansage einer Fehde mit Nennung des Absenders und Angabe des Fehdegrundes, Herbeiführen eines Kriegszustands.

Die drei obersten für die militärische Sicherheit Nürnbergs verantwortlichen Kriegsherren versetzten die Stadt in einen Zustand höchster Alarmbereitschaft. Man war keineswegs unvor-

EIN KRIEGERISCHES JAHRHUNDERT

bereitet, denn über mehrere Jahre hinweg hatte der Rat zahlreiche Maßnahmen für den drohenden Ausnahmefall treffen lassen und in den Reichsstädten Rothenburg, Windsheim und Weißenburg Verbündete gefunden. Die Verfeindeten schenkten sich überhaupt nichts, denn hier spielte sich für die Stadt ein Existenzkampf ab. Allerdings vermieden die Kontrahenten einen Frontalangriff, sondern suchten in vereinzelten Kriegszügen die Wirtschaftsbasis des Gegners zu schmälern. Leidtragende waren die jeweiligen Hintersassen oder Untertanen auf dem Land, denen das Vieh und die Pferde weggetrieben, die ganze Habe geraubt und die Dörfer restlos niedergebrannt wurden. Nach weitgehender Verwüstung des Landes ruhte im Winter der Krieg, bis es am 11. März 1450 in der Nähe des Klosters Pillenreuth südlich Nürnbergs zu einer größeren Schlacht kam.

→ „Also kamen die veynt sunder marggraf Albrecht mit seinen rewtteren, als er die geordent und geschickt hett, ob 550 pferden, auff uns gerant mit grossem geschray ihres anreytens und stellten sich fast grawsamlich, den wir mit frolichem unverzagtem gemüt kecklich begegenten, nit anders dann zu sterben oder zu sigen ... Und wiewol auf irem tail fast vil, auch ettlich auf unserm tail in demselben treffen und streyten nyder lagen, die abgestochen und von den pferden komen, volget mein herr von Plawen und ich als haubtlewt mit unsem raysigen zewg in strengclich nach wol 1 ½ meyl untz biß an die schranck und tor zu Swobach, da dann ettlich der feynt an denselben schrancken erstochen wurden" (Brief des Nürnberger Hauptmanns Jobst Tetzel unmittelbar nach der Schlacht).

Dank einer Kriegslist konnte das markgräfliche Heer von den Nürnberger Hauptleuten, einigen Söldnern und vielen Handwerkern in die Flucht geschlagen werden. Es dauerte noch drei Jahre, bis ein im Juni 1450 ausgehandelter Waffenstillstand durch den von Kaiser Friedrich III. (1440–1493) vermittelten Frieden beendet wurde. Der Erste Markgrafenkrieg kannte weder Sieger noch Besiegte, sondern hinterließ auf beiden Seiten schweres menschliches Leid, ein stark verwüstetes Land und immense Kosten. Immerhin hatte sich die Stadt dank ihrer Finanzkraft und jahrzehntelanger Defensivarbeit gegen einen der mächtigsten Reichsfürsten behaupten können.

Die Angriffe des Markgrafen Friedrich d. Ä.

Franken war bis zum Ende des Alten Reichs kein einheitliches Gebiet, sondern bestand aus einer Vielzahl selbstständiger, unterschiedlich großer Mittel- und Kleinstaaten. An deren Spitze standen entweder weltliche oder geistliche Fürsten, der Deutsche Orden, Grafen, Ritter oder in fünf Städten der Kaiser selbst. Denn nur Nürnberg, Rothenburg, Schweinfurt, Windsheim und Weißenburg waren Reichsstädte, das heißt dem König unmittelbar untertan. Spätestens im 14. Jahrhundert war im gesamten Reich die Entwicklung zu Landesherrschaften abgeschlossen. Die territoriale Gliederung war festgelegt und nur ein dynastischer Wechsel brachte manche Veränderung, der aber für die betroffenen Untertanen kaum von Bedeutung gewesen ist. Weder Albrecht Achilles noch sein Sohn Friedrich d. Ä. (1486– 1515) wollten die historischen Gegebenheiten anerkennen. Er entpuppte sich auf gleiche Weise wie sein Vater als Erzfeind Nürnbergs, indem er für sein Haus die uneingeschränkte Landeshoheit bis an die Mauern der Reichsstadt beanspruchte. Als Zwangsmittel dienten ihm die Errichtung von 50 Zollstätten und der Entzug des Geleits auf den sternförmig zur Stadt an der Pegnitz zulaufenden Handelsstraßen. Damit traf er zunächst die verhassten Kaufleute, indirekt aber ganz empfindlich den Lebensnerv Nürnbergs. Gegen Ende des 15. Jahrhunderts brach dieser schwelende Konflikt unter Markgraf Friedrich d. Ä. von Brandenburg-Ansbach und Kulmbach wieder auf, der große Auswirkungen auf die Politik von König und Reich haben sollte. Erneut verbissen sich die beiden Gegner heftig ineinander. Wieder musste man in Nürnberg um die politische Existenz der Stadt fürchten, weshalb schon im Vorfeld Ratsherren und Rechtsgelehrte mit dem Ziel einer Vermittlung an den kaiser-

EIN KRIEGERISCHES JAHRHUNDERT

lichen Hof und zu anderen Reichsständen entsandt worden waren. Da Franken als altes Adelsland galt, gestaltete sich die Lage noch schwieriger, denn die in wirtschaftliche Schwierigkeiten abgleitende Ritterschaft übte seit dem 15. Jahrhundert ein wachsendes, unkontrolliertes Fehdewesen aus. Da es insbesondere den handeltreibenden Reichsstädten schadete, unterstützte Markgraf Friedrich d. Ä. diese Machenschaften und ließ den „plackern" Unterschlupf gewähren. Einen Anlass zum Krieg gab im Januar 1502 das Eindringen von 1.100 Nürnberger Berittenen tief in ansbachisches Gebiet und die Zerstörung zweier Burgen von Raubrittern. Diese Schmach erforderte Revanche, wozu sich wenige Monate später aus völlig marginalem Anlass eine Gelegenheit bot.

Als strittig erwies sich immer wieder die Frage nach der Landeshoheit, worunter man unter anderem den Schutz von Kirchweihen zählte. In dem abgelegenen Ort Affalterbach im Lorenzer Reichswald sollte ein solches Fest stattfinden, zu welchem die Reichsstadt in Vorahnung des Kommenden 2.000 Bewaffnete aussandte. Aber auch Markgraf Friedrich d. Ä. hatte sich gerüstet und war mit einem Heer von 7.000 Mann, darunter vielen Angehörigen des fränkischen Adels, erschienen. Am Kirchweihtag, dem 19. Juni 1502, kam es schließlich unmittelbar vor den Toren der Stadt bei der Kapelle von St. Peter zur sogenannten Schlacht im Wald. Sie endete mit einem Sieg des Ansbachers. Wieder fanden auf beiden Seiten Hunderte den Tod oder wurden schwer verletzt. Ein unbekannter Nürnberger Maler hat den Verlauf dieses Treffens in einer chronologisch gerafften, fast etwas naiv anmutenden, sehr großformatigen Darstellung wiedergegeben. Nach diesem Erfolg suchte der Markgraf mithilfe befreundeter Fürsten und Herren zum großen Schlag gegen die Reichsstadt auszuholen, doch dieser Plan wurde dank kluger Strategie vereitelt.

Denn eine der Stärken Nürnbergs bestand in dem ausgezeichneten durch Kaufleute, Juristen und Ratsherren geknüpften Kommunikationsnetz. Dank vieler Gesandter, mit denen die

Stadt auf allen Reichstagen regelmäßig vertreten war, wusste man über das Vorgehen des Markgrafen und die Stimmung im Reich bestens Bescheid. Ein Charakteristikum der reichsstädtischen Außenpolitik war unverbrüchliche Treue zu Kaiser und Reich sowie große Zurückhaltung, insbesondere wenn es um den Beitritt zu Bündnissen ging. Doch in entscheidenden Situationen konnte man kühl und pragmatisch handeln, wie sich zu Beginn des 16. Jahrhunderts zeigte. Wegen der steten Gefahr vor territorialer Umklammerung durch den Markgrafen hatte sich die Reichsstadt Nürnberg seit Langem den wittelsbachischen Herzögen angenähert und pflegte mit ihnen ein gutes Verhältnis.

Nürnberg profitiert vom Landshuter Erbfolgekrieg

In dem großen Herzogtum Bayern im Südosten des Reichs herrschten seit dem Jahr 1180 die Wittelsbacher. Durch Erbteilungen und wegen des Erlöschens zweier Linien (Bayern-Straubing und Bayern-Ingolstadt) hatte es immer wieder dynastische Wechsel gegeben, doch war durch ein Hausgesetz aus dem Jahr 1329 festgelegt, dass eine Vererbung nur an männliche Nachkommen möglich war. Genau dieser Fall zeichnete sich am Ende des 15. Jahrhunderts ab, als der reiche Herzog Georg von Bayern-Landshut (1479–1503) eine Tochter, aber keinen Sohn hatte. Doch der Herzog von Niederbayern hielt sich nicht an das alte Familienabkommen, sondern verschrieb unter Missachtung auch des Reichsrechts das Erbe seinem Schwiegersohn Ruprecht von der Pfalz (1481–1504). Dieser stammte zwar ebenfalls aus wittelsbachischem Geschlecht, war aber nicht direkter Nachkomme. Damit sollte der weniger mächtige Herzog Albrecht IV. von Bayern-München (1465–1508) übergangen werden, der jedoch gleich nach dem Tod des Landshuter Herzogs Georg von König Maximilian I. (1486–1519) mit dem Herzogtum Niederbayern belehnt worden war. Der Habsburger handelte nicht uneigennützig, denn zuvor hatte er sich im Unterinntal die erz- und silberhaltigen bayerischen Ämter Kufstein, Rattenberg und Kitzbühel zusichern lassen. Da Herzog Albrecht IV. die Mittel

EIN KRIEGERISCHES JAHRHUNDERT

zur Durchsetzung seiner berechtigten Ansprüche fehlten, suchte er in dem drohenden militärischen Konflikt nach Verbündeten, wofür sich in gleicher egoistischer Absicht Markgraf Friedrich d. Ä. von Brandenburg-Ansbach und die Reichsstadt Nürnberg angeboten hatten. Während im Landshuter Erbfolgekrieg von 1504/05 der Markgraf in ganz Bayern gegen die pfälzischen Truppen focht, besetzten die Nürnberger in einem systematisch geplanten Feldzug niederbayerische und pfälzische Gebietsteile unmittelbar östlich der Stadt. Mit dem Kölner Spruch vom 30. Juli 1505 bestätigte König Maximilian I. zur angeblichen Kompensation der Kriegskosten die Nürnberger Erwerbungen, wogegen Markgraf Friedrich d. Ä. weitgehend leer ausging. Der territoriale Gewinn der Orte und Ämter Altdorf, Lauf, Hersbruck, Engelthal, Reicheneck, Velden usw. war einzigartig und stärkte das politische Gewicht Nürnbergs in Franken erheblich. Neben den beiden Reichswäldern verfügte man mit dieser sogenannten „Jüngeren Landschaft" nun über das flächenmäßig größte Landgebiet unter den deutschen Reichsstädten. Dadurch war ein größerer Sicherheitsgürtel gegen das Markgraftum Ansbach geschaffen und die überregionale wirtschaftliche wie kulturelle Bedeutung Nürnbergs konnte gemehrt werden. Von markgräflicher Seite wurde zwar 1526 unter Bezug auf ältere landesherrliche Rechte ein Prozess vor dem Reichskammergericht angestrengt, doch wurde dieser bis zum Ende des Alten Reichs nicht mehr entschieden.

Den kulturell und geistig desinteressierten Friedrich d. Ä. ereilte noch ein schlimmes Schicksal. Denn durch überzogene Hofhaltung und ausufernde Kriegführung war sein Fürstentum so verschuldet, dass nicht einmal mehr die fälligen Kreditzinsen bezahlt werden konnten. Auch aus diesem Grund ließ ihn sein ältester Sohn Kasimir (1515–1527) am 26. Februar 1515 in einem Handstreich festnehmen und lebenslänglich inhaftieren. Erst nach dem Tod des unerbittlichen Usurpators wurde der alte Mann freigelassen. Er durfte seine letzten neun Lebensjahre in der Residenz zu Ansbach verbringen.

Weiterer Ausbau der Stadtbefestigung

Für die Selbstbehauptung der Reichsstadt Nürnberg hatten sich die mächtigen Befestigungsanlagen als existenziell erwiesen. Dies zeigte sich knapp 50 Jahre später erneut, als Markgraf Albrecht Alcibiades von Brandenburg-Kulmbach (1522–1577) aus ähnlichen Gründen wie sein Großvater von 1552 bis 1554 einen genauso verheerenden Krieg anzettelte, von dem sich Nürnberg bis zum Ende des Alten Reichs im Jahr 1806 finanziell nicht mehr erholen sollte. Einer längeren Belagerung und Beschießung konnte man erneut standhalten. Wegen der technischen Weiterentwicklung mit gezogenem Lauf verfügten feindliche Geschütze über erhöhte Feuerkraft, für welche die vier großen Türme mit ihrem quadratischen Grundriss ein leichtes Ziel boten. Deshalb ließ sie der Rat am Laufertor, Frauentor, Spittlertor und Neutor zu mächtigen Rundtürmen ausbauen. Neben der Burg und den beiden Pfarrkirchen prägen sie heute noch auf unverwechselbare Weise das Stadtbild. Mit Waffengewalt ist Nürnberg (abgesehen vom Jahr 1945) nicht mehr eingenommen worden.

AUF DER SUCHE
NACH DEM SEELENHEIL

Großzügige Stifter

Damals sprach die ganze Stadt davon. Der Sohn des „reichen Heinz" hatte eine Woche nach dem Epiphaniastag, dem Fest der Erscheinung Christi, am 13. Januar 1339 zur Beurkundung einen Notar und als Zeugen 14 Herren der hohen Geistlichkeit in sein Haus am Plobenhof kommen lassen. Allein für den Text der überformatigen Urkunde von knapp eineinhalb Metern Höhe und 71 Zentimetern Breite musste der Notar Herdegen drei Pergamente aneinanderkleben und sie dicht gedrängt beschreiben. Zu seinem Seelenheil und dem seiner Familie stiftete Konrad I. Groß (um 1280–1356) in der Nähe seines Wohnhauses an der Pegnitz ein Spital. Zwar hatte es jenseits des Flusses in der Lorenzer Stadthälfte bei St. Elisabeth schon seit über 100 Jahren ein stattliches, vom Deutschen Ritterorden betreutes gegeben, aber der erfolgreiche Unternehmer rief ein noch viel größeres zu Ehren des Heiligen Geistes ins Leben. Es sollte eine Kapelle mit sechs Altären, einen Friedhof und eine Reihe von Häusern umfassen, in denen 128 Siechen und 72 Pfründnern Obdach und Heimat gegeben wurde. Dazu stellte er die finanzielle Ausstattung für Pfründen von sechs Priestern und zwölf Klerikern zum täglichen Lesen der Messe und für die siebenfachen Stundengebete für sich, seine Verwandten, andere Wohltäter und die auf dem Spitalkirchhof Beerdigten. Außerdem legte er noch fest, dass ein Schulmeister und zwölf arme Scholaren, welche Speis und Trank sowie Rock und Stiefel erhielten, in einem Haus zusammenleben sollten. Zwei Jahre danach erwirkte Konrad Groß von Kaiser Ludwig dem Bayern (1314–1347) mittels einer prunkvollen Urkunde noch die Zustimmung zu dieser Stiftung, welche der Schirmherrschaft des Nürnberger Rats unterstellt wurde. Nach seinem Tod wurde der Stifter im Chor der dreischiffigen Heilig-Geist-Kirche in einem feudalen Hochgrab beigesetzt, wie es bislang nur bei burgundischen Dynasten üblich war. Allerdings war in der Familie wegen der Spendierfreudigkeit des Vaters ein erbitterter Streit ausgebrochen, da die Söhne zurecht um ihr Erbe fürchteten. Denn eine vergleichbare Stiftung in dieser Größenordnung war im Deutschen Reich einzigartig und erst Jakob Fugger in Augsburg tätigte im Jahr 1514 Vergleichbares. Konrad Groß hatte noch weiteres gestiftet, wozu er als Großkaufmann und als Finanzier des oft in Nöten steckenden Kaisers aus dem Hause Wittelsbach sehr wohl in der Lage war. Ein ganzes Bündel von Motiven dürfte ihn zu dieser Großherzigkeit bewegt haben: Religiosität, moralisches Unbehagen über das Zinsverbot, aber auch Selbstbewusstsein und Repräsentationswille.

→ **Sieche**: andauernd Kranke, Aussätzige.
→ **Pfründner**: Inhaber eines Kirchenamts mit Vermögensausstattung, Nutznießer einer Pfründe oder Person, die ihren Lebensunterhalt in einer milden Stiftung genießt.
→ **Siebenfaches Stundengebet**: zwischen Anbruch und Ende des Tages siebenmaliges gemeinsames Gebet in klösterlichen Gemeinschaften.
→ **Zinsverbot**: auf die Bibel zurückgehendes, im Spätmittelalter stark abgeschwächtes Verbot des Zinsnehmens.

In der weitschweifigen Einleitung der Stiftungsurkunde von 1339 hatte Konrad I. Groß selbst ausgeführt, wie sehr die einen

AUF DER SUCHE NACH DEM SEELENHEIL

Oben: Hochgrab des Konrad Groß, Stifter des Heilig-Geist-Spitals; unten: Das Heilig-Geist-Spital

im Laufe ihres Lebens Überfluss haben, während die anderen an solchen Gütern Mangel leiden. Deshalb sollte in Erfüllung des Gebots Christi der Reiche den Unglücklichen und Darbenden unterstützen, den Nächsten lieben und des anderen Last mittragen. Er handelte gemäß Psalm 41,2 ganz im christlichen Glauben, so wie es bei fast allen Angehörigen seines Standes üblich war: *„Wol dem, der sich des Dürfftigen annimpt, den wird der Herr erretten zur bösen Zeit"*. Diese Einstellung war typisch für das Mittelalter und sie setzte sich im Laufe der Frühen Neuzeit fast unverändert fort. Es war eine Selbstverständlichkeit, dass derjenige, der hatte, auch gab, und in allen Testamenten reicher und weniger reicher Nürnberger Bürger sind die Armen in irgendeiner Form bedacht worden.

Im Zuge dieser Stiftungsfreude fällt gegen Ende des 14. Jahrhunderts noch ein weiteres, besonders herausragendes Ereignis ins Auge. Der reiche Kaufmann Marquard I. Mendel (gest. 1385) begründete fünf Jahre vor seinem irdischen Ende das Kartäuserkloster einschließlich der Kirche Marienzell. Die stattliche Stiftung sollte dem Andenken seiner 1379 verstorbenen Frau Kunigunde und als Dank für die Genesung nach einem lebensgefährlichen Sturz mit seinem Pferd dienen, welchen er in Italien erlitten hatte. Bei der Grundsteinlegung für die ungewöhnlich hohe, ca. 40 Meter lange, einschiffige Klosterkirche im Februar 1381 waren neben König Wenzel auch viele weltliche und geistliche Würdenträger anwesend. Der Bau dieses Gotteshauses, einer Zwölfbotenkapelle, des großen und des kleinen Kreuzgangs, des Refektoriums und der ersten fünf von letztlich 19 Mönchsklausen auf einem Areal von etwa 100 mal 120 Metern im südlichen Teil der Lorenzer Stadthälfte war bald vollendet. Die Kartäuser waren ein eremitischer Orden, weshalb nach dem Ablegen der Gelübde und dem Übertritt in die Klausur jede Begegnung, ja selbst jeder Sichtkontakt mit Weltlichen verpönt war. Die Mönche hatten ihre eigenen Häuschen nebst kleiner Werkstatt und ein mit hoher Mauer umgebenes Gärtchen, denn nach dem Ideal des Ordensgründers war ein solches

Das Kartäuserkloster (1380), seit 1857 Sitz des Germanischen Nationalmuseums

Leben der Kontemplation und Askese Gott näher zugewandt. Im 15. Jahrhundert ist immer wieder zu beobachten, dass Angehörige des vordersten Standes dem irdischen Leben entsagten und sich einer der vielen Ordensgemeinschaften zuwandten.

Dafür gab es in Nürnberg wie in allen größeren Städten des Spätmittelalters eine reiche Klosterlandschaft. Ursprünglich gehen alle Orden auf den heiligen Benedikt zurück und mit der Stiftung des Egidienklosters hatte König Konrad III. (1138–1152) im Jahr 1146 einen Anfang gemacht. Man bewegt sich hier auf historisch sehr altem Boden, denn das Benediktinerkloster ist nahe einem der beiden Königshöfe gegründet worden, welche anfangs der Versorgung der königlichen Burg dienten. Der andere Königshof bei St. Jakob, den Kaiser Otto IV. (1209–1218) im Jahr 1209 dem Deutschen Ritterorden schenkte, lag jenseits der Pegnitz. Der Deutsche Orden war 1190 aus einer Hospitalbruderschaft im Heiligen Land hervorgegangen und aufgrund der seelsorgerischen und karitativen Ausrichtung gründete man in Nürnberg ein der heiligen Elisabeth geweihtes Spital, das seinerzeit noch außerhalb der Stadtbefestigung gelegen war. Die Kommende blühte rasch auf und verfügte über reiche Besitzungen innerhalb und außerhalb der Stadt. Jedoch geriet der Deutsche Orden nach der vernichtenden Niederlage gegen Polen-Litauen bei Tannenberg am 15. Juli 1410 in eine finanzielle Schieflage. Auch die Nürnberger Kommende musste ihren Beitrag leisten und verkaufte im Jahr 1419 viele Rechte und Grundstücke an den Rat.

→ **Kommende:** bei den Ritterorden Niederlassung als Konvent oder untere Verwaltungseinheit.

Bettelorden in der Stadt und auf dem Land

Aus den kirchlichen Reformbewegungen des 13. Jahrhunderts gingen die vier klassischen Bettelorden hervor, die wegen ihres seelsorgerlichen Anspruchs und des anfänglich vertretenen Eigentumsverzichts eine typische Erscheinung der größeren Städte gewesen sind. Im Gegensatz zum älteren Mönchtum sahen sie sich aufgrund der propagierten Armut des Einzelnen und ihrer klösterlichen Gemeinschaften sehr viel enger in der Nachfolge Jesu und der Apostel. Für die erstmals 1215 auftretenden Dominikaner standen Predigt, das geistliche Studium und die Bekämpfung von Ketzern im Vordergrund. Die Nürnberger Niederlassung oberhalb des Rathauses ist erst im Zuge der zweiten Gründungswelle im Jahr 1275 entstanden, und gemäß der gelehrten Tradition des sogenannten Predigerklosters verfügte sie über eine stattliche Bibliothek. Hier wirkte in der Mitte des 15. Jahrhunderts der berühmte Buchbinder Konrad Forster, der die kostbaren Ledereinbände schon mit Schriftdruck aus beweglichen Lettern verzierte. Damit nahm er eine Technik vorweg, die Johannes Gutenberg im Jahr 1450 in Mainz weiterentwickelte. Viel radikaler in der Befolgung des Armutsgelübdes traten seit 1206/08 die Franziskaner auf. Sie können schon 1224 in Nürnberg nachgewiesen werden und waren hier als die „Barfüßer" bekannt. Mit ihren auf dem Evangelium beruhenden Idealen und dem Willen, dem Nächsten zu dienen, fanden sie insbesondere bei den einfacheren Menschen viel Resonanz. Deshalb konnte – dank Zuwendungen aus allen Kreisen der Bevölkerung – ihre Kirche direkt am südlichen Pegnitzufer schon 1278 geweiht werden. Nach Umbau und Vergrößerung kam es 1434 zu einer erneuten Weihe, denn die Bettelorden suchten in ihren übergroß dimensionierten Gotteshäusern durch intensives Predigen eine große Menge von Gläubigen zu gottgefälligem Leben zu bekehren. Aufgrund der Lage auf dem Weg vom Hauptmarkt nach St. Lorenz nannte man die im Jahr 1484 erneuerte Überquerung der Pegnitz Barfüßerbrücke – bis sich im 19. Jahrhundert die Bezeichnung Museumsbrücke durchsetzte.

Von geringerer Bedeutung waren die schon im Heiligen Land begründeten Karmeliter, die nach dem Vordringen der Muslime im Jahr 1291 nach Europa ausgewichen waren. Schon 1295 sind sie in Nürnberg am Roßmarkt (Josephsplatz) nachgewiesen, doch erreichten die Karmeliter nie die Bedeutung der anderen Bettelorden. Als letzter Prior amtierte seit 1520 Andreas Stoß, der seinem Vater Veit Stoß (vor 1450–1533) den Auftrag für die Anfertigung des berühmten Schnitzaltars mit der Geburt Christi erteilt hatte. Das Meisterwerk ist als Bamberger Altar bekannt, nachdem ihn 1543 der Bischof von Bamberg angekauft hat. Heute ist er im dortigen Dom zu bewundern.

Einen besonderen Schwerpunkt auf das Studium und die Ausbildung von Predigern, aber auch auf gleichmäßige Beachtung der vita contemplativa und der vita activa legten die Augustinereremiten, deren Kirche unterhalb des Weinmarkts im Jahr 1275 vollendet werden konnte. Mehr als 200 Jahre später ließen sie das Gebäude abbrechen und in Form einer eleganten gotischen Hallenkirche von Grund auf neu errichten. In dem Kloster wurde 1479 eine Druckerei eingerichtet, was auf die intellektuellen Interessen der dortigen Mönche zurückzuführen war. Das Augustinerkloster wurde ein Zentrum des bald aufblühenden Humanismus, wo sich Nürnberger Gelehrte und interessierte Ratsherren gerne trafen. Als Generalvikar dieses Ordens wirkte in Wittenberg der Theologe Johannes von Staupitz (um

1465–1524), dem 1507 im Erfurter Kloster ein junger, von Glaubenszweifeln befallener Mönch – kein anderer als Martin Luther – besonders aufgefallen war. Staupitz besuchte zwischen 1512 und 1517 mehrfach die Nürnberger Augustinereremiten, bei denen sich ein nach ihm benannter Freundeskreis, die „Sodalitas Staupitziana", gebildet hatte. Hier wurden sehr intensiv die Thesen des mittlerweile zum Professor für Bibelexegese in Wittenberg berufenen Mönchs diskutiert und angesichts des vom päpstlichen Rom ausgehenden sittlichen Verfalls für plausibel erachtet. Martin Luther (1483–1546) hatte im Ablassstreit die Grundlagen der alten Kirche angefochten, weshalb die römische Kurie gegen ihn den Ketzerprozess eröffnete. Bei der Rückkehr vom Verhör in Augsburg im Oktober 1518, bei dem er seine Thesen nicht widerrufen hatte, machte er im Nürnberger Kloster seines Ordens Station.

Aus den beiden großen Bettelorden, den Dominikanern und den Franziskanern, sind bedeutende Frauenorden hervorgegangen, die in den großen Handelsstädten rasch Fuß fassen konnten. Der in Assisi von der heiligen Klara im Jahr 1212 begründete Konvent, in dem ursprünglich strengste Armut vorgeschrieben war, breitete sich in abgemilderter Form rasch über Europa aus. Am Ende des 14. Jahrhunderts zählte man in 450 Klöstern über 15.000 Nonnen. Dazu gehörten auch die 1240 in Nürnberg nachweisbaren Klarissen oder Reuerinnen, deren Kirche 1274 geweiht wurde. Ihr Kloster befand sich seinerzeit noch außerhalb der Stadtbefestigung, doch der Bau der letzten Befestigungsanlage gegen Ende des 14. Jahrhunderts gab dem Konvent offenbar den Impuls, die Kirche zwischen den Jahren 1428 und 1454 zu vergrößern und zu erhöhen. Vergleichbar den meisten anderen Klöstern stellte ihr weitläufiges, stets ummauertes Areal mit großen Gärten innerhalb der Stadt einen für die Bürger nicht betretbaren Raum dar. Diese Klausur, in der um 1500 etwa 60 Nonnen lebten, war für alle nicht geweihten Personen tabu. Andererseits durften die Nonnen nach Ablegung der Profess den sakrosankten Bereich nicht mehr verlassen. Die Verständigung mit der Außenwelt erfolgte über ein Redefenster an der Pforte oder durch Briefe. Eine der letzten Äbtissinnen war Caritas Pirckheimer (1467–1532), die ältere Schwester des gelehrten Ratsherrn und Humanisten Willibald Pirckheimer (1470–1530). Wegen ihrer intellektuellen Begabung war sie in halb Europa berühmt, denn sie korrespondierte u.a. mit den Humanisten Johannes Reuchlin, Konrad Celtis, Erasmus von Rotterdam und Georg Spalatin, dies selbstverständlich in der Gelehrtensprache Latein. Albrecht Dürer hat ihr im Jahr 1511 mit dem „Marienleben", einem Zyklus von 20 großformatigen Holzschnitten über das Leben der Gottesmutter, sogar eines seiner drei graphischen Hauptwerke gewidmet.

St. Klara ist eines der ältesten erhaltenen Sakralgebäude der Stadt.

→ **Profess**: feierliches Gelübde eines Anwärters bei der Aufnahme in einen religiösen Orden.

Gleich den Klarissen suchten bei den Dominikanerinnen von St. Katharina viele Mädchen oder junge Frauen aus den Ratsgeschlechtern oder dem Bürgertum als Novizinnen um Aufnahme nach. Mit mehr als 70 Nonnen galt das Nürnberger Kloster um 1470 als einer der größten Konvente in Oberdeutschland. Die Dominikanerinnen waren berühmt für ihr Skriptorium und ihre große Bibliothek, in der sie viel an zeitgenössischer mystischer Literatur sammelten und vervielfältigten. Darüber hinaus sind sie durch kunstvolle Anfertigung von Wollteppichen, Antependien und Wirkarbeiten hervorgetreten.

→ **Antependium**: schmückender Altarvorhang aus kostbar bestickten oder gewirkten Textilien.

Außerhalb der Stadt, jedoch im Einflussbereich des Nürnberger Rats gab es nur Frauenklöster. Nicht weit im Westen liegt Großgründlach, wo Gräfin Kunigunde von Orlamünde mit Unterstützung des oben schon genannten Konrad I. Groß im Jahr 1343 das Zisterzienserinnenkloster Himmelthron gegründet hatte; allerdings hat es in geistlicher oder wirtschaftlicher Hinsicht keine größere Bedeutung erlangt. Auf jenen freigiebigen Stifter geht aus dem Jahr 1345 im Lorenzer Reichswald bei Pillenreuth eine Klause für eine „magistra" und zwölf Frauen zurück. Zur materiellen Ausstattung hatte Groß die Eigenschaft an zwei benachbarten Dörfern erworben und Kaiser Ludwig der Bayer sowie der zuständige Bischof von Eichstätt bestätigten noch im selben Jahr die Errichtung der geistlichen Gemeinschaft von Frauen. Entsprechend dem Besitzverzicht des Augustinus nahmen die Klausnerinnen 1379 diese kanonisierten Regeln an. Das Augustinerchorfrauenstift Pillenreuth rekrutierte sich vor allem aus Töchtern des Patriziats und des Bürgertums. Gleiches galt für die Dominikanerinnen im abgelegenen Engelthal, weit östlich von Nürnberg, einer Stiftung des Reichsministerialen Ulrich von Königstein aus dem Jahr 1240. Es war zunächst königlichem Schutz unterstellt, bis dieser zu Anfang des 14. Jahrhunderts auf den Nürnberger Reichsschultheiß bzw. später auf den reichsstädtischen Rat übertragen wurde. Vor allem durch Adelheid Langmann und Christine Ebner galt Engelthal als ein Zentrum der Frauenmystik, was den tiefgläubigen König Karl IV. am 28. Mai 1350 eigens zu einem Besuch dieses Dominikanerinnenklosters veranlasste. Gleich den Nonnen von Großgründlach und Pillenreuth suchten sie in abgeschiedener Stille durch Gebete und Gesang, Keuschheit, Besitzlosigkeit, Schweigen und Fasten ein gottgefälliges Leben zu führen.

→ **Frauenmystik**: ekstatisches Erleben und Erfahrung der Gotteserkenntnis insbesondere bei Franziskanerinnen und Dominikanerinnen (13./14. Jh.).

Bis auf die Kommende des Deutschen Ordens war es dem Nürnberger Rat seit dem 14. Jahrhundert gelungen, die Klöster durch eigens bestellte Pfleger unter seine Aufsicht zu bringen. Dies darf keineswegs negativ gesehen werden, denn damit waren auch Schutz und rechtlicher Beistand gegeben. Gemäß der zyklischen Entwicklung fast aller religiösen Bewegungen folgte nach einer intensiven Anfangsphase in vielen Orden eine Zeit nachlassenden Glaubenseifers. Darauf hatten jedoch die Ratsherren ein waches Auge und forderten in mehreren der in der Stadt ansässigen Klöster eine innere Reform. So veranlassten sie 1428 bei den Dominikanerinnen, 1452 bei den Klarissen, 1464 bei den Augustinereremiten und 1466 bei den Karmelitern die Einführung der Observanz bzw. die strengere Befolgung ihrer klösterlichen Regeln.

→ **Observanz:** Reformbewegung in Bettelorden zur genaueren Beachtung der Regel und des Armutsideals (14./15. Jahrhundert).

Wer sorgt für Kranke, Pilger, Waisen oder verarmte Handwerker?

Charakteristisch für das Spätmittelalter war die weibliche Frömmigkeitsbewegung, die sich über alle Stände von der Bäuerin, der Frau eines Handwerkers bis zu der eines Ratsherrn oder Adligen erstreckte. Eine mystische Armuts- und Kreuzesliebe erfasste manche von ihnen, die ihr Leben dem Gebet und dem Dienst am Nächsten widmete. Dies gilt vor allem für die Beginen, deren Ursprung zu Beginn des 13. Jahrhunderts in den Niederlanden zu suchen ist. Auch sie sind aus der hochmittelalterlichen Armutsbewegung hervorgegangen und wurden in Nürnberg als Seelnonnen oder Seelweiber bezeichnet, weil sie sich der Armen- und Krankenpflege sowie dem Totengeleit und der Totenfürbitte annahmen. Vor allem Jungfrauen und Witwen wohnten in kleinen Gemeinschaften in bescheidenen Häusern zusammen, in denen sie wie in einem Orden beteten und fasteten, aber auch Kranke oder Sterbende in der Stadt aufsuchten. Verstreut auf mehrere Viertel zählte man in Nürnberg schließlich über 20 solcher Seelhäuser, von denen die meisten erst im Laufe des 15. Jahrhunderts von vermögenden Familien oder Einzelpersonen gestiftet worden waren.

Die Begründung des Heilig-Geist-Spitals durch Konrad I. Groß im Jahr 1339 diente manchem Zeitgenossen als Vorbild, es gleich zu tun. So rief 1352/53 der reiche Großkaufmann und Ratsherr Berthold I. Haller (um 1310–1379) vor dem Neutor das Pilgerspital bei Heilig-Kreuz ins Leben. Es lag an der verkehrsreichen Landstraße nach Würzburg und Frankfurt, auf der viele Arme, Pilger und Studenten unterwegs waren und hier Herberge und Speise erhielten. In der Stiftungsurkunde ist davon die Rede, dass Haller *„ein herwerg und ein haus gebawen het den ellenden pilgerinen, die dar komen durch, sin vordern, sin selbs und siner nachkomen sel heil willn"*. Wenige Jahre später begründete der vornehme Konrad IV. Waldstromer (gest. 1360) nach dem Tod seiner Ehefrau in der Stadt gegenüber den Klarissen beim Frauentor das Pilgerspital St. Martha. Daneben ließ er eine dreischiffige Kirche bauen, in der die ältesten Glasfenster der Stadt bewundert werden können. Das Spital diente anfangs als Zufluchtstätte für arme Pilger, die aus Richtung Regensburg in Nürnberg für ein oder zwei Tage Station machten. Obwohl Konrad III. Topler (gest. 1485) nicht zu den hundert Reichsten der Stadt gehörte, hatte er testamentarisch die Stiftung des später sogenannten Sebastianspitals ins Leben gerufen. Bewusst außerhalb der Mauern im Westen gelegen, war es zur Aufnahme und Isolation von Pestkranken gedacht. Einer ähnlichen Funktion dienten die an den vier großen Straßen nach Frankfurt, Prag, Regensburg und Augsburg gelegenen Siechkobel. Jeweils in Verbindung mit einer Kapellenstiftung waren die Siechkobel bei St. Johannis (1234), St. Jobst (frühes 14. Jh.), St. Peter (1327) und St. Leonhard (1317) für Aussätzige oder für Männer und Frauen mit ansteckenden Krankheiten geschaffen worden. Erst im 16. Jahrhundert hat man sie zu regelrechten Pfründneranstalten oder Altersheimen umgewidmet.

AUF DER SUCHE NACH DEM SEELENHEIL

Kapellen der Siechkobel St. Peter und St. Johannis

→ **Siechkobel**: kleines Haus zur Absonderung und Betreuung von Aussätzigen oder Personen mit ansteckenden Krankheiten.

Als eine der ältesten Fürsorgeanstalten ihrer Art in Deutschland gelten die beiden Findelhäuser in Nürnberg. Bei dem seltsamen Wort handelt es sich um die Verkleinerung von Fund bzw. Fündel, womit ausgesetzte oder elternlose Kinder gemeint waren. Die nach Geschlechtern getrennten Waisenhäuser wurden ausschließlich durch Zuwendungen und Legate von Bürgern finanziell getragen. Eine obrigkeitliche Betreuung erfolgte durch eigens bestellte Pfleger im Ehrenamt. Im Jahr 1537 zählten der vom Rat eingesetzte Findelvater und die Findelmutter in der Mädchenfindel am Neuen Bau (heute: Maxplatz) 46 Kinder. Von der Knabenfindel in der Breiten Gasse sind keine Angaben überliefert, doch dürfte eine ähnlich hohe Anzahl von Waisenknaben darin Aufnahme gefunden haben.

Keine dieser sozialen, karitativen oder medizinischen Einrichtungen ist von einem König, Fürsten, geistlichen, höfischen oder städtischen Rat veranlasst, finanziert oder betreut worden. Ihre Existenz beruhte einzig und allein auf der Mildtätigkeit der

Wohlhabenden. Denn täglich hatte man auf der Gasse das Schicksal Hungernder, Kranker, Verarmter oder Verwaister vor Augen. Für diese Menschen gab es wie andernorts von Seiten der Obrigkeit fast keine Hilfe (Versicherungen und Renten sind erst Errungenschaften des 19. Jahrhunderts). Unverschuldet in Not zu geraten, war das Schlimmste, was einem passieren konnte. Deshalb gab es die „verschämten Armen", die sich nur in der Dämmerung zum Betteln auf die Gasse trauten, weil sie nicht als arm erkannt werden wollten. Betteln an sich war nicht anstößig, doch wurde es in den großen Städten wegen Missbrauchs gelegentlich zum Problem. Aus diesem Grund gab man in Nürnberg schon 1370 eigene Bettelmarken aus Blech aus. Besonders schlimm traf es ehrbare Handwerksmeister, wenn sie sich als Alleinstehende im Alter ihren Lebensunterhalt nicht mehr verdienen konnten. Für diesen Personenkreis hatte Konrad I. Mendel (gest. 1414) ganz in der Nähe des von seinem Bruder Marquard I. begründeten Kartäuserklosters im Jahr 1388 das Mendelsche Zwölfbrüderhaus gestiftet. Wie in einer Art Wohngemeinschaft konnten hier zwölf alte Handwerker gemeinschaftlich ihren Lebensabend verbringen. Diesem Vorbild folgte 1501 der erfolgreiche Montanunternehmer Matthäus Landauer (gest. 1515), der vor dem Inneren Laufertor das nach ihm benannte Zwölfbrüderhaus ins Leben gerufen hat. Außerdem stiftete er dazu die Allerheiligenkapelle, eine dreischiffige Halle zu zwei Jochen mit der architektonischen Extravaganz eines hängenden Schlusssteins, in deren Gruft er später beigesetzt wurde. Zur weiteren Ausschmückung hatte er 1508 Albrecht Dürer den Auftrag für ein großes Altargemälde gegeben, das seit dem Verkauf an Kaiser Rudolf II. im späten 16. Jahrhundert als „Allerheiligenbild" in Wien zu bewundern ist.

Das Privileg des Stiftens

Mit Landauer war Sebald Schreyer (1446–1520) verwandt. Der studierte Theologe und gelernte Kürschner trat in seiner Heimatstadt auf ganz besondere Weise als Stifter und als eine Art

Sebaldusgrab des Peter Vischer von 1508–1519 in der Sebalduskirche

großbürgerlicher Mäzen hervor. Als Kirchenmeister der vornehmen Sebalduskirche wickelte er die Abrechnung anlässlich der Erhöhung der beiden Kirchtürme in den Jahren 1482/83 ab und er war mitverantwortlich, als man Peter Vischer d. Ä. (1460–1529) 1507 mit dem kunstvollen Guss des Sebaldusgrabs beauftragte. Es barg die Gebeine des in Nürnberg seit dem Ende des 11. Jahrhunderts verehrten Eremiten. Nach dem Vorbild des doppelchörigen Doms zu Bamberg war 1274/75 eine spätromanische Pfeilerbasilika für den Kirchenheiligen Petrus und für jenen Sebald errichtet worden. Er galt jedoch als ausgesprochener Lokalheiliger, dessen Kult nur in Nürnberg bekannt aber andernorts fast völlig unbekannt war. Das hielt die Bürger aber nicht davon ab, nach spätgotischer Erweiterung der Seitenschiffe – denn die Pfarrgemeinde ist ja ständig angewachsen – den Ostchor zu Ehren Sebalds neu zu planen; der Westchor war dem heiligen Petrus geweiht. So wurde zwischen 1358 und 1379 ein riesiger spätgotischer Hallenchor mit Umgang gebaut, an dessen Verwirklichung Architekten aus dem Umkreis Kaiser Karls IV. beteiligt waren. Es bedurfte großen diplomatischen Geschicks und mancher Handsalbe in Rom, bis man schließlich im März 1425 die Heiligsprechung Sebalds durch Papst Martin V. erwirken konnte. Man beging dieses epochale Ereignis in Nürnberg sogleich feierlich mit einer achttägigen Prozession.

Obwohl sich Sebald Schreyer für das Gotteshaus so verdient gemacht hatte, kam eine Stiftung im Inneren nicht infrage. Denn dort hatten sich die alten Ratsgeschlechter das ausschließliche Recht vorbehalten, Altäre nebst Pfründen, Glasfenster, Marienbilder, Heiligenfiguren und andere Memorabilien zu stiften. Der einfache Bürger, und sei er noch so reich, musste auf die Lorenzkirche, die Spitalkirche, die Frauenkirche, die Klosterkirchen oder andere religiöse Orte ausweichen und hatte dazu noch die Genehmigung der Kirchenmeister einzuholen. Doch Schreyer galt als so tüchtig, dass man ihm gestattete, die alte Familiengruft außen am Ostchor der Sebalduskirche zwischen zwei Strebepfeilern mit der Einfügung eines bescheiden genannten „Steinwercks" zu erweitern. Die Grablege befand sich auf der Rückseite des Sakramentshauses, in der Schreyer später auch beigesetzt wurde. Als Künstler wurde Adam Kraft (um 1455–1509) verpflichtet, der hier seinen ersten großen Auftrag erhielt. Mit der Grablegung Christi schuf er ein ganz ergreifendes, dreiteiliges Relief, eine der großartigsten Freiplastiken in Nürnberg.

An manchen Bischofssitzen wie Köln, Regensburg oder Prag und in manchen Reichsstädten wie Straßburg oder Ulm hatte man im Spätmittelalter groß dimensionierte Kathedralbauten geplant. Doch die Vision scheiterte gelegentlich an den Grenzen des Machbaren, weshalb es oft dem 19. Jahrhundert vorbehalten

AUF DER SUCHE NACH DEM SEELENHEIL

Schreyer-Landauer-Epitaph des Adam Kraft von 1490/92 bei der Sebalduskirche

blieb, diese Gotteshäuser zu vollenden. Dagegen wusste man in Nürnberg sehr genau zu kalkulieren. Dies entsprach der Mentalität der Bürger, denen das Sein wichtiger war als der Schein. In der südlichen Stadthälfte war die Pfarrkirche seit 1235 dem römischen Märtyrer Lorenz geweiht, zu dessen Ehren um 1360 nach französischem Vorbild eine hochgotische Basilika mit Doppelturmfassade und der einzigartigen Rosette errichtet worden war. Der stete Zuzug nach Nürnberg machte es auch hier erforderlich, der wachsenden Gemeinde eine ausreichende religiöse Heimstatt zu geben. Im Gegensatz zum Äußeren ist bemerkenswert, dass man während der Bauphase umgeplant und das Mittelschiff am asketischen Ideal der Bettelordenskirchen ausgerichtet hat. Verhältnismäßig spät wurde erst 1439 der Grundstein für eine Erweiterung des Ostchors gelegt. Mehr als eine Generation lang hat man daran gebaut, bis 1477 die feierliche Weihe des Hallenchors begangen werden konnte. Zwar die Breite des Kirchenschiffs aufnehmend, überragt der Anbau das Langhaus so sehr, dass ein architektonisches Übergewicht zum älteren und niedrigeren Baukörper entstand. Das Innere ist durch Stiftungen reicher Bürger prächtig ausgestattet worden. Ins Auge sticht das von dem Kaufmann Hans IV. Imhoff in Auftrag gegebene, 20 Meter hohe Sakramentshaus, welches Adam Kraft nach dreijähriger Arbeit 1496 fertiggestellt hat. Das filigrane, turmartige Kunstwerk aus grauem Sandstein erhebt sich auf einer Grundfläche von nur einem Quadratmeter. Reichhaltige Skulpturen erzählen von der Leidensgeschichte Christi bis hin zur obersten Figur des fast entschwebenden, dem Auge des irdischen Betrachters weit entrückten Auferstandenen. Die Basis des Sakramentshauses tragen drei Steinmetze als kniende Stützfiguren. Der junge Mann rechts blickt erwartungsvoll in die Zukunft, der alte Geselle links ist dem Ende nahe und muss sich schon auf einen Stock stützen. In der Mitte reckt sich selbstbewusst der bärtige Meister, Hammer und Meißel fest umgreifend. Nur sein Gesicht ist als einziges fleischfarben gefasst. Es ist Adam Kraft, der Renaissancekünstler, der die spätmittelalterliche Kunstsprache überwunden hat und von einer neuen Ästhetik kündet.

Oben: Sakramentshaus des Adam Kraft von 1496 in der Lorenzkirche mit Selbstbildnis des Künstlers

Unten: Der Englische Gruß des Veit Stoß von 1517/18 in der Lorenzkirche

AUF DER SUCHE NACH DEM SEELENHEIL

Einen weiteren Beleg für die intensive Frömmigkeit kurz vor der Hinwendung zur Reformation stellt der Englische Gruß aus der Werkstatt des Veit Stoß (um 1447–1533) von 1517/18 dar. Er wurde von dem einflussreichen Ratsherrn und kunstsinnigen Kaufmann Anton II. Tucher gestiftet. Am teuersten waren die elf riesigen Glasfenster, deren vornehmstes im Chorhaupt auf Kaiser Friedrich III. (1440–1493) zurückgeht. Unmittelbar darunter steht heute noch der bescheidene Marienaltar, eine Stiftung des wenig bekannten Geistlichen Jodokus Krell aus dem Jahr 1483. Der Name des Malers dieser Madonna mit den Heiligen Bartholomäus und Barbara auf der Seite ist nicht überliefert. Der Altar wäre nicht weiter bemerkenswert, wenn er nicht im Hintergrund den Blick in eine weite Landschaft öffnen würde. Gleichsam als Bild im Bild enthält es die älteste Ansicht der Stadt Nürnberg und steht damit beispielhaft für das neue Verständnis der eigenen Umwelt. Eben dieses Motiv findet sich in der berühmten Weltchronik des Humanisten und Arztes Dr. Hartmann Schedel (1440–1514) an prominenter Stelle wieder. Mehrere Jahre lang hat er das Wissen von der biblischen Erschaffung der Welt bis in die Gegenwart zusammengetragen. Dank der Finanzierung durch Sebald Schreyer konnte das imposante Werk mit über 1.800 Holzschnitten im Jahr 1493 gedruckt werden. NUREMBERGA mit der Burg und den markanten Türmen von St. Sebald und St. Lorenz ist auf der Doppelseite 100 sehr naturalistisch wiedergegeben. Gemäß der Zeitenlehre befand man sich im „sechsten Weltalter", dem schließlich das siebte und letzte folgen sollte. Es handelt vom Jüngsten Gericht und dem Ende der Welt, bei dem alle Menschen zur Rechenschaft über ihre Taten gezogen werden. Ein schauerlicher Totentanz gemahnte an dieses Ende der irdischen Existenz und rückte in Erinnerung, *„das wir ... den gepotten gottes in allem unßerm leben bis in das end gehorsam seyn"* sollen.

→ **Zeitenlehre**: biblische Prophetie vom Weltende als letztes von sieben Weltzeitaltern, darunter als fünftes die Menschwerdung Christi.

Totentanz aus der Schedelschen Weltchronik von 1493

Tod und Sünden

Die christliche Hoffnung auf eine Auferstehung der Toten am Jüngsten Tag beseelte die Gläubigen. Leben und Tod waren für die Menschen des Mittelalters und der Frühen Neuzeit kein Gegensatz, sondern vielmehr eine Einheit. Gemäß christlichem Brauch waren rund um die beiden Pfarrkirchen von St. Sebald und St. Lorenz sowie nördlich der Kirche des Heilig-Geist-Spitals große Friedhöfe angelegt worden. An den umhegten und geweihten Plätzen wurden die Toten nahe dem Ort der heiligen Messen beigesetzt. Besonders privilegiert waren die Vornehmen, die Stifter und die hohen Geistlichen, die sogar in den Kirchen in der Nähe des Altars bestattet wurden, und somit bei Fürbitten für die Toten gleichsam persönlich anwesend waren. Insofern überrascht es, dass der Nürnberger Rat im Oktober 1518 ein allgemeines Begräbnisverbot innerhalb der Stadt erlassen hat, was trotz mehreren Protesten aus der Bürgerschaft sogar Kaiser Maximilian I. bestätigt hat. Für die Toten aus dem Sebalder Sprengel vergrößerte man den Friedhof beim Siechkobel St. Johannis und für diejenigen aus dem Lorenzer Sprengel wählte man eine Brachfläche etwa 500 Meter vor dem Spittlertor, wo der bereits erwähnte Hans IV. Imhoff 1518 eine dem heiligen Rochus geweihte Grabkapelle für seine Familie hatte errichten lassen. Den Ausschlag für diesen Platz gab die gute Bodenbeschaffenheit, denn rund um den Siechkobel St. Leonhard war der Untergrund zu feucht. Der Anlass für diese tiefgreifende Maßnahme geht auf zwei Entwicklungen zurück. Zum einen stieg seit der Mitte des 15. Jahrhunderts die Bevölkerung rapide an, zum anderen hatten periodisch wiederkehrende Seuchen vielen Menschen den plötzlichen Tod gebracht. Wegen Überbelegung und aus hygienischen Gründen wurden deshalb die Friedhöfe vor die Tore der Stadt verlegt, wie es auch 1480 in München, 1534 in Augsburg, 1542 in Würzburg oder erst 1564 in Bamberg der Fall war.

Durch Fürbitten und Gebete im Diesseits suchten die Menschen um Vergebung und um Nachlass ihrer Schuld. Die Erbsünde lastete auf den Gläubigen, die mit der Hilfe Jesu Christi auf eine Wiederherstellung der verlorenen Gnade hofften. Man suchte sich von der Verderbtheit der Welt zu lösen und durch „Seelgeräte" im Jenseits einen Gnadenschatz an guten Werken zu erlangen. Darunter verstand man eine Güterübertragung an die Kirche bzw. Stiftungen, wofür im Gegenzug jährliche Seelmessen für den Stifter oder auch dessen Angehörige am Sterbetag zu verrichten waren. Eine andere Form zur Verringerung von Sündenstrafen war der Ablass, der aber nicht zur Vergebung, sondern nur zu einem Erlass der Sünden führen sollte. Doch schon die Päpste des 13. Jahrhunderts hatten vollkommenen Ablass zur totalen Sündenvergebung in Aussicht gestellt, worauf Ablassprediger auch entsprechende Zuwendungen an Verstorbene im Fegefeuer versprachen. Die Frömmigkeit der Laien war sehr viel emotionaler und enthielt noch viele vorchristliche Elemente bis hin zum Aberglauben. Wie intensiv sich Religiosität äußern konnte, belegt die Notiz in einer Chronik über das Auftreten des Franziskaners Johannes von Capestrano (1386–1456) in Nürnberg. Der erfolgreiche Wanderprediger und Inquisitor gegen Abtrünnige und Juden hat seine vielen Zuhörer so in den Bann schlagen können, dass sie sich am Tag des heiligen Lorenz, dem 10. August 1452, zu ungewöhnlichen Handlungen hinreißen ließen.

→ „Dieser Capistranus ist ... auch gen Nürnberg kommen ... hat auf einer steinernen Kanzel gepredigt, hat heftig auf den Pracht und Hoffart und auf das Spielen gescholten und die Zuhörer vermahnet, alle Schlitten, spitzige Schuh, Wulsthauben, Brettspiel und dergleichen Ding zu verbrennen. Darauf sein an S. Laurentzen Tag auf dem Markt zu Nürnberg verbrennet worden 76 Schlitten, 2.640 Brettspiel, 40.000 Würfel und ein großer Hauf Kartenspiel" (Johannes Müllner, Annalen der Reichsstadt Nürnberg II S. 491).

Neuer Glaube oder andere Gläubigkeit?

Die Kirchenzucht war vorbildlich, und die Stiftungsfreude auch der einfacheren Bürger ungebrochen. Es war also keinesfalls religiöser Verfall, der zur raschen Rezeption der Gedanken des Augustinereremiten und Theologieprofessors aus Wittenberg geführt hat. Gerade im bildungshungrigen, rational denkenden Nürnberg wurde die Kritik Martin Luthers an der römischen Amtskirche begierig aufgenommen. Seine Zweifel an der päpstlichen Autorität und seine Lehre vom persönlichen Glauben des Einzelnen und der Freiheit des Christenmenschen stießen in der breiten Bevölkerung auf großen Widerhall. Zum bereits erwähnten Nürnberger Staupitz-Kreis gehörte auch der Ratsherr Kaspar I. Nützel, der schon 1517 die 95 Thesen ins Deutsche übersetzte und in dessen Haus die erste Taufe nach dem neuen Ritus stattfand. Der noch zögerliche, mehrheitlich altgläubige

Rat ließ daraufhin für Anfang März 1525 im Rathaus zwischen den Anhängern beider Richtungen ein öffentliches Religionsgespräch abhalten. Das Ergebnis fiel eindeutig aus und so wurde Nürnberg die erste Stadt im Reich, die sich der von Luther vertretenen Kirchenreform zuwandte.

Was änderte sich eigentlich mit der Reformation? Klöster wurden aufgehoben oder lösten sich von selbst auf, die Sonderstellung der Geistlichen und der Zölibat wurden abgeschafft, die Verehrung oder Anbetung von Heiligen wurde hinfällig, der Erwerb von Reliquien und teuren Ablässe war völlig umsonst. Denn jeder Gläubige konnte durch seinen intensiven Glauben selbst unmittelbar zu Gott sein. Es bedurfte nicht mehr der guten Werke des sündigen Menschen, da der Gläubige allein durch die Gnade Gottes erlöst wurde. Das Abendmahl wurde nicht mehr allein vom Priester vollzogen, sondern allen Laien in Form von Brot und Wein zur Erinnerung an das heilvolle Sterben Jesu Christi gereicht. Mit der Glaubensspaltung endete zwar die Einheit der Kirche und damit auch das Mittelalter, doch die Sorge um das Seelenheil blieb für Katholiken wie für Evangelische oder Reformierte bis in das 19. Jahrhundert ein nicht zu hinterfragendes Dogma. Gab es vor Einführung der Reformation in Nürnberg nur eine Lehre, so hat es bis nach 1800 ebenfalls nur eine gegeben: es war die evangelisch-lutherische, der sich flächendeckend alle Einwohner angeschlossen haben oder anschließen mussten. Entweder war man katholisch oder evangelisch. Doch darüber entschied nicht der gemeine Mann, sondern gemäß dem 1555 auf dem Reichstag zu Augsburg festgelegten Prinzip „cuius regio eius religio" in den Fürstentümern, in den Grafschaften, in der Reichsritterschaft oder in den Reichsstädten die jeweilige Obrigkeit.

Zumindest verließ in Nürnberg kaum einer aus Glaubensgründen die Stadt oder das große Landgebiet, auch nicht der erst 1493 aus Augsburg zugewanderte Kaufmann Jakob I. Welser (1468–1541). Er hatte noch 1519 für die Frauenkirche am Hauptmarkt einen künstlerisch hochmodernen Marienaltar, das

Das Wohnhaus Albrecht Dürers beim Tiergärtnertor

„größte Altarwerk der Dürerzeit in Nürnberg", gestiftet. Das hinderte ihn aber nicht, 1525 beim großen Religionsgespräch ebenfalls für die Einführung der neuen Lehre zu stimmen, obwohl seine grandiose, sehr teure Stiftung damit ganz wesentlich an religiöser Bedeutung verloren hat.

Rückblickend auf das 15. Jahrhundert soll noch die Frage nach der materiellen Bedeutung der vielen Stiftungen zu frommen Zwecken gestellt werden. Denn es hat den Anschein, als ob die kirchliche Landschaft schon vollendet war, zumal die große Zeit der Klostergründungen und Spitalstiftungen in der Tat vorüber gewesen ist. Aus religiösen Gründen und zum Zweck der Nächstenliebe hatten die vermögenden Gläubigen in außergewöhnlichem Maß für das Wohl der geistlichen Einrichtungen und für die Armen gesorgt. So ist beispielsweise dank den Aufzeichnungen von Hans IV. Imhoff überliefert, dass seine 1494 in Auftrag gegebene Stiftung des Sakramentshauses in der Lorenzkirche 770 Gulden gekostet hat. Dies übertraf den Wert eines stattlichen, viergeschossigen Wohn- und Geschäftshauses in bester Innenstadt-Lage, wie es Albrecht Dürer im Jahr 1509 beim Tiergärtnertor erworben hatte. Aber reiche und weniger reiche Bürger machten immer wieder Zuwendungen zu bestehenden Stiftungen, sei es in Form von Immobilien und Liegenschaften auf dem Land oder durch die Schaffung von Pfründen. Darunter ist auch die Stiftung des Propsts Dr. Sixtus Tucher (1459–1507) gemeinsam mit seiner Schwester zu nennen, mit welcher der dauernde Unterhalt für einen Kaplan gesichert wurde, der täglich am Johannes-Altar in der Lorenzkirche eine Frühmesse hielt. Die Summe belief sich auf stattliche 1.560 Gulden, was bildlich gesprochen dem doppelten Wert des grandiosen Sakramentshauses von Adam Kraft entsprochen hat. Mit der Reformation wurden all diese religiösen Dienste und Leistungen hinfällig, doch existierten der jeweils vorhandene Kapitalstock und das Grundvermögen weiter. Sie gingen nun an den Rat bzw. die Reichsstadt Nürnberg über und markierten in gewisser Weise den Beginn obrigkeitlicher Fürsorge. Man konnte damit u.a. die Geistlichen besolden, die Baulast an kirchlichen Gebäuden tragen und die Versorgung der Armen übernehmen. Trotz des religiösen Wandels hat die Stiftungsbereitschaft nach 1525 im evangelischen Nürnberg nicht nachgelassen, sie verlagerte sich stattdessen auf Stipendien-, Studien- und Sozialstiftungen.

NÜRNBERGER WITZ

Die Chance nutzen

Das Heilige Römische Reich deutscher Nation dürfte am Ende des 15. Jahrhunderts etwa 12 Millionen Einwohner gezählt haben. Schätzungsweise 90 Prozent lebten als Bauern auf dem Land und nur der geringere Teil in einer von ca. 3.000 Städten. Allerdings handelte es sich dabei fast nur um Kleinstädte oder sogenannte Kümmerstädte. Wie man aufgrund einer Steuererhebung aus dem Jahr 1497 weiß, gehörte Nürnberg mit etwa 28.000 Einwohnern neben Augsburg, Köln und Lübeck zu den vier Großstädten in Deutschland.

→ **Kümmerstadt**: trotz entsprechender Privilegierung bei der Entwicklung zur Stadt auf einfacherem Niveau stehen gebliebenes Gemeinwesen.

Noch im 13. Jahrhundert hatte Nürnberg einen ausgesprochenen Standortnachteil. Wie Kaiser Friedrich II. (1212–1250) am 8. November 1219 im ältesten Privileg für „karissimam civitatem nostram Nuremberch", also für „unsere am meisten geliebte Stadt", ausführte, verfügte sie weder über einen schiffbaren Fluss noch über Bodenschätze oder über gewinnbringende Sonderkulturen. Deswegen gewährte er besondere Vorrechte, u.a. dass die Bürger dieses Ortes keinen anderen Schutzherrn haben sollten als die Römischen Könige und Kaiser, dass die Strafgerichtsbarkeit vor dem königlichen Schultheiß stattfand, dass die Kaufleute auf den Messen zu Nördlingen und Donauwörth mit Nürnberger Geld zahlen durften und dass Zollfreiheiten zwischen Regensburg und Passau sowie in Worms und Speyer gewährt wurden. Gerade der letzte Punkt eröffnete den privilegierten Handel mit dem Gebiet am Oberrhein und es folgten noch im selben Jahrhundert die wichtigen Zollfreiheiten mit Mainz, Frankfurt, Aachen, Arles, Cambrai, Eger, Metz usw. Es handelte sich also um eine wirtschaftspolitische Maßnahme, deren Potential von den Nürnberger Kaufleuten erkannt und erfolgreich genutzt wurde. In welchem Umfang dies geschah, kann man mangels Quellen leider nicht mehr genau sagen, doch ein überlieferungsgeschichtlicher Zufall ermöglicht ein kurzes Blitzlicht auf die Jahre 1304 bis 1307. Erst 1929 entdeckte man ein kleines Heft von 51 Blättern aus Pergament, das als Kaufmannsbuch der Holzschuher identifiziert wurde. Die Holzschuher waren eine der ältesten in Nürnberg ansässigen Familien, die vornehmlich mit flandrischem Tuch und anderen Textilien Handel trieben. Der Radius ihrer Geschäfte belief sich auf etwa 50 Kilometer rund um die Stadt an der Pegnitz, wo sie Kunden aus allen Ständen belieferten. Aus diesen Anfängen entstand bald ein dichtes Netz an Handelsbeziehungen, das die findigen Nürnberger Großkaufleute rasch quer durch ganz Europa knüpften. Im 12./13. Jahrhundert waren sie in Mittel- und Westeuropa vertreten und ab 1350 drangen sie nach Ost- und Südosteuropa vor.

Ein zentraler Umschlagplatz für Güter war Venedig, wo die Nürnberger im Fondaco dei Tedeschi, der zentralen Niederlassung der deutschen Kaufleute direkt neben der Rialtobrücke, die Regensburger Konkurrenz verdrängen konnten. Hier gewannen sie den Zugang zu den begehrten Importwaren aus dem Orient wie Seide, Baumwolle oder Gewürze, die sie über die Alpen transportieren ließen und in Oberdeutschland verkauften. Mit gutem Grund äußerte deshalb der Humanist Aeneas Sylvius (1405–1464), der spätere Papst Pius II., in seinem geographischen Werk aus dem Jahr 1458: „Ohne Nürnberger keine Messen."

Zu welch logistischer Leistung manche Unternehmer aus Nürnberg fähig waren, zeigt eine zufällig überlieferte Begebenheit aus dem Jahr 1399. Wie die Spinne mitten im Netz sitzend, organisierte ein Händler aus seinem Kontor heraus den Transport von Kupferbarren aus Oberungarn auf dem Landweg durch Preußen zur Ostsee und über die Nordsee nach Flandern, wo sie schließlich ihren Abnehmer fanden. Vom Orient und dem kulturell fortschrittlicheren Italien übernahmen die Nürnberger Kaufleute, die ihre Söhne schon im Alter von 12 bis 14 Jahren zur Ausbildung in die Ferne schickten, neueste Geschäftstechniken. Man begann das Rechnen mit arabischen Ziffern statt mit den umständlicheren römischen Zahlen, man begann mit der doppelten Buchführung und eignete sich die Technik des Wechselbriefs an, also des bargeldlosen Zahlungsverkehrs. Fast alle Geschäfte wurden seinerzeit mündlich und mit bekräftigenden Gesten wie dem Handschlag oder dem Lei(t)kauf getätigt. Damit war ein gemeinsamer Trunk beim Abschluss eines Geschäfts gemeint, mit dem das gegenseitige Einverständnis bekräftigt wurde; unbewusst lebt dieser Brauch heute noch fort. Vor allem setzte sich ab dem 14. Jahrhundert im deutschen Sprachraum die Schriftlichkeit durch und mit dem „Püchel von mein geslecht und von abentewr" des Ulmann I. Stromer (1329–1407) ist eines der ältesten Selbstzeugnisse aus dem Jahr 1390 überliefert. Der Nürnberger Kaufmann und Ratsherr war der erste aus dem oberdeutschen Sprachraum, der seinen Lebensweg, die Geschichte seiner Familie und seine wirtschaftlichen Unternehmungen schriftlich festgehalten hat. Es handelt sich allerdings um eine eher unsystematische Komposition aus Chronik und wichtigen Geschäftsnotizen, wie sie beispielsweise für Genua und Venedig zu lesen sind.

→ „Zu Jenw kauft man silber nach dem pfund und xii uncz macht ain pfund und ain uncz ist xxiiii pfennig und ain pfennig macht vi garat ... Item wer zu Nureberg c mark hat, der sol zu Jenw haben lxxv pfund silbers und ein wenik mer, daz macht ie ain Nurenberger mark viiii° uncz ... Wann ain zentner pfeffer zu Jenv gilt xxx pfund, ez kost ain sawm mit allen sachen uncz fur daz tor iii pfund Jenwer und ain sawm macht v Jenwer zentner; so kost er von Jenw uncz gen Maylan an furlon bey v pfund ...".

Der Horizont der Nürnberger Kaufleute endete nicht am Rand der beiden großen Reichswälder oder in Franken, sondern erstreckte sich weit über die Grenzen des Deutschen Reichs hinaus bis zur Nord- und Ostsee, zum Atlantik, dem Mittelmeer, der Adria und dem Schwarzen Meer. Bis dorthin hatten sie sich durchgeschlagen und hier hatten sie kleine Niederlassungen aufgebaut, in denen Waren aller Art umgeschlagen wurden. Seit dem 12./13. Jahrhundert sind Nürnberger Kaufleute in Mittel- und Westeuropa nachgewiesen und bald griffen sie nach Ost- und Südeuropa aus. Sie importierten edle Tuche, Seide, Baumwolle, Pelze, Häute, Gewürze, Drogen, Wein, Heringe, Salz usw. Am Ende des Spätmittelalters hatten sie sogar eine Monopolstellung beim Handel mit Safran, Galmei, Kupfer und Buchs (für die Herstellung von Messergriffen) inne. Umgekehrt exportierten sie Produkte aus den heimischen Werkstätten bis nach Spanien, England, Skandinavien und Russland. Zur Kommunikation mit der Zentrale in Nürnberg bediente man sich kleiner, nur wenige Zentimeter großer Briefchen aus Papier, die bis an den Rand vollgeschrieben wurden. Monatlich schwärmten die städtischen Boten nach Frankfurt, Leipzig, Lyon, Straßburg, Salzburg, Wittenberg, Wien und Hamburg aus, denen der Rat schon 1484 eine besondere Ordnung auferlegt hatte. Ein Eilbote, der die Strecke von Venedig nach Nürnberg innerhalb von sechs Tagen zurücklegte, kostete stattliche 25 Gulden. Aber wenn es besonders schnell gehen musste, schaffte er es bereits in unglaublichen vier Tagen. Dies schlug mit stattlichen 80 Gulden zu Buche, was ungefähr dem Jahressold eines Pfarrers entsprach. Der Informationsvorsprung von ein oder zwei Tagen konnte bares Geld wert sein und über Gewinn oder Verlust von Vermögen entscheiden.

Dank großzügiger Förderung seit Kaiser Friedrich II. durch Zollfreiheiten und Handelsprivilegien im ganzen Reich gewann Nürnberg wirtschaftliche Macht. Seit dem 16. Jahrhundert wurden die reichen Kaufleute verächtlich als „Pfeffersäcke" bezeichnet. Sie waren an allen Ecken und Enden Europas zu finden, wo mit Waren jeder Art gehandelt wurde. Der Bauer auf dem Feld und der Handwerker in seiner Werkstatt konnten in der Regel den eigenen Lebensunterhalt und den ihrer Familien und des Gesindes bestreiten. Aber großer Reichtum war auf solche Weise nicht zu erwirtschaften, dies gelang nur im Groß- oder Fernhandel. Andererseits zeugen die mehr oder minder spektakulären Konkurse Hans Ortliebs von 1430, Georg Stromers von 1433, Wilhelm Mendels von 1448, Anton Paumgartners von 1465 oder Sebald Schürstabs von 1505 auch vom Gegenteil, und der völlige Ruin großbürgerlicher Existenzen samt der davon betroffenen Familien war die Folge.

Placker gegen Pfeffersäcke

Die mit den Mauern umfangene Stadt war ein eigener Friedensbereich, dessen Beachtung jeder Bürger beeiden musste. Außerhalb der Stadttore gab es zwar einige kaiserliche Landgerichte, doch fehlte die zentrale juristische Kompetenz und ein staatliches Gewaltmonopol war erst im Entstehen begriffen. Dieser Rechtsunsicherheit versuchten Fürsten und Städte insbesondere in Franken, Schwaben und Bayern durch zeitlich und räumlich begrenzte Landfrieden zu begegnen. Doch dagegen verwahrte sich immer wieder der ritterliche Adel, der die Fehde als ein ihm zustehendes Rechtsmittel betrachtete. Infolge des tiefgreifenden sozialen, wirtschaftlichen und technischen Wandels sind einige Niederadlige oft in Not geraten und versuchten ihre prekäre Situation durch Straßenraub und mutwillig angezettelte Fehden zu verbessern. Leidtragende waren immer wieder Kaufleute der großen Städte, darunter vor allem Nürnberger und Augsburger, die selbst als Geiseln genommen oder deren Warenzüge von den sogenannten „Plackern" überfallen wurden. Zu den prominentesten der vielen Raubritter oder Fehdegegner gehörten Eppelein von Gailingen (um 1320–1381), Hans und Fritz von Waldenfels (1444/47), Werner Roßhaupter (gest. vor 1475), Heinz Baum (gest. 1514), Konrad Schott von Schottenstein (gest. nach 1524), Hans Thomas von Absberg (um 1480–1531) oder Götz von Berlichingen (um 1480–1562). Erst die Verkündung des Ewigen Landfriedens im Jahr 1495 führte zum allmählichen Ende dieses im 15. Jahrhundert regelrecht aufblühenden Unwesens. In den städtischen Chroniken wurde regelmäßig festgehalten, welch enorme Schäden den betroffenen Kaufleuten und ihren Städten, in denen diese als Bürger ansässig waren, entstanden sind, und wie man sich dagegen zu wehren versuchte.

→ „Der lang Endres von Henfenfeld, Georgen und Hannßen von Egloffstain Helfer, ist als ein Rauber und Mörder Freitag vor S. Veitstag 1444 mit dem Rad gerichtet, und auf denselben Tag Eberhard Schnell, der zu Ermreut, Fronhoff, Wolckersbrunn, Eschnau Feur eingelegt, lebendig verbrennet und Carl von Hoppurg, ein Placker, Freitag nach S. Elißabettentag mit dem Schwert gerichtet worden. Der Bischof zu Würzburg hat beim Kalten Loch sechs Placker lassen an die Baumb henken" (Johannes Müllner, Annalen der Reichsstadt Nürnberg II S. 370).

→ **Landfriede**: in Anlehnung an den Gottesfrieden zeitlich und räumlich begrenzter, von den beteiligten Fürsten und Städten beeideter Friede zur Eindämmung des Fehdewesens.

Die Stadt ohne Zünfte

Weder die großen Kaufleute noch die Krämer und Hucker oder Erdenkäufer, die ihre geringe Ware in einem Tragekorb am Rücken oder gleich auf der Erde feilboten, bildeten die Masse der Bevölkerung. Gleichsam das Rückgrat Nürnbergs stellten die

NÜRNBERGER WITZ

vielen Handwerker dar, genauer gesagt die ca. 2.000 bis 3.000 Handwerksmeister, welche der Humanist Johannes Cochläus (1479–1552) 1512 als das „gemeine Volk" bezeichnete. In Deutschland begegnet das Wort „zunft" im Sinne von Übereinkunft oder Ordnung erstmals 1226 in Basel. In fast allen Reichsstädten in Oberdeutschland begannen einzelne Handwerkerverbände zunächst nach Autonomie zu streben, bis sie sich am Ende des 13. Jahrhunderts kollektiv gegen die oligarchischen Ratsverfassungen erhoben. Ihren Ursprung hatte diese Bewegung in den großen oberitalienischen Städten wie Bologna oder Florenz und ab 1291 wurden zunächst in Esslingen und schließlich in fortlaufender Folge u.a. 1345 in Ulm und Lindau, 1347 in Memmingen, 1349 in Nördlingen und 1368 in Augsburg die alten Geschlechter entmachtet. Dies geschah manchmal gewaltfrei, manchmal aber auch in blutigen Kämpfen. Etwas Ähnliches, allerdings in stark gemilderter Form spielte sich in Nürnberg in den Jahren 1348/49 ab, doch hier waren die Umstände ganz andere. Denn die regierenden Familien hatten dank ihrer starken Stellung gar keine autonomen Zünfte zugelassen, sondern nur genossenschaftliche Zusammenschlüsse erlaubt und darüber stets die Kontrolle ausgeübt. Der in der späteren Chronistik vielfach beschworene „aufflauff" dauerte vom 4. Juni 1348 bis zum 27. September 1349. Er verlief zwar ohne Blutvergießen, doch sind einige Angehörige von Ratsgeschlechtern aus der Stadt geflohen, wogegen sich andere am neuen Regiment beteiligten. Die Forschung ist sich weitgehend darüber einig, dass der Aufstand reichspolitisch begründet war, auch wenn er von vielen Handwerkern entfacht worden ist. In jenen Jahrzehnten fand nämlich das große Ringen zwischen dem Papsttum und dem Kaisertum statt, während dem Ludwig der Bayer gebannt wurde. Die Reichsstadt hielt treu zum Wittelsbacher, denn ihm hatte man viel zu verdanken. Seit dem Beginn seiner Herrschaft hatte er 74 Mal hier Station gemacht, vier Fürsten- und Reichstage abgehalten und die Stadt mit 34 Privilegien sowie die hiesigen Klöster mit 15 Privilegien bedacht. Auch deshalb hatte der Nürnberger Rat ihm zu Ehren im großen, erst 1340 fertiggestellten Ratssaal an der Ostseite mit dem Relief des thronenden Kaisers ein imposantes Denkmal gesetzt. Schon im Juli 1346 förderte Papst Clemens VI. die Erhebung seines ehemaligen Schülers, des Markgrafen Karl von Mähren aus dem Geschlecht der Luxemburger, zum Gegenkönig. Nach dem Tod Ludwigs des Bayern am 11. Oktober 1347 wandte sich die alte Nürnberger Elite rasch Karl IV. zu, da man sich durch das massive Vordringen venezianischer Kaufleute in den eigenen Handelsraum sehr bedrängt fühlte. Diesem übereilten Schritt widersetzten sich viele Bürger und manche Ratsherren, doch erlahmte der Widerstand 16 Monaten später. Als sich Karl IV. im September 1349 der Stadt mit Heeresmacht näherte, waren viele der Rädelsführer geflüchtet oder hatten sich unterworfen. Bei dem folgenden Strafgericht wurden 200 Personen auf ewige Zeit der Stadt verwiesen, doch verhängte man eine Todesstrafe wohlweislich nicht. Unter den Verurteilten befanden sich überdurchschnittlich viele Handwerker aus 29 verschiedenen Gewerben.

Das Scheitern des Aufstands hatte zur Folge, dass die Autonomie der Genossenschaften und Zünfte weiterhin völlig eingeschränkt blieb und diese in Nürnberg im Gegensatz zu fast allen anderen Reichsstädten politisch keine Rolle mehr spielten. An dieser Stelle muss kurz darauf hingewiesen werden, dass Kaiser Karl V. (1519–1556) 200 Jahre später nach dem Sieg der kaiserlichen Truppen im Schmalkaldischen Krieg den Befehl gab, die Herrschaft der Zünfte in den Reichsstädten Schwabens und Frankens zu beseitigen. Er ordnete eine Rückkehr zum patrizischen Regiment nach dem Vorbild Nürnbergs an, worauf die Zunftmeister zurücktreten mussten und die Herrschaft den alten oder neuen Ratsgeschlechtern übertragen wurde.

→ **Schmalkaldischer Krieg**: siegreicher Krieg Kaiser Karls V. in den Jahren 1546/47 gegen protestantische Landesfürsten und Reichsstädte.

Diversifizierung und Spezialisierung

Nach 1350 setzte in Nürnberg eine ungewöhnlich genaue Reglementierung des Gewerbelebens ein. Diesem Prozess verdankt man die 1363 angelegten Meisterbücher, die mit gewissem Recht als „erste deutsche Gewerbestatistik" bezeichnet wurden. Darin listete man die Namen von mehr als 1.200 Meistern aus 50 verschiedenen Gewerben auf. Dies diente aber keineswegs statistischen Zwecken, sondern zielte auf eine Reform der Handwerksverfassung und auf wirksamere Kontrolle. Denn der Rat förderte die traditionsbewussten Kleinbetriebe und begann das von einzelnen Meistern praktizierte Verlagssystem mit frühindustriellen oder gar frühkapitalistischen Organisationsformen zu unterdrücken. Fortan mussten alle Handwerksmeister in die Bürgerschaft aufgenommen werden, was ihnen erst den Erwerb von Hausbesitz und Eigentum ermöglichte und wofür sie Abgaben sowie Wehrdienst zu leisten hatten. Kein Meister durfte sich ohne Erlaubnis des Rats in der Stadt niederlassen. Dagegen wurde ihnen das Vorrecht eingeräumt, dass sie die Handwerksbetriebe vererben durften, dass Witwen den Betrieb mithilfe von Gesellen fortführen konnten und die Söhne oder Schwiegersöhne von Handwerksmeistern bei der Zulassung bevorzugt wurden.

Betrachtet man die Gewerbestruktur an der Wende zum 15. Jahrhundert, so waren die Nahrungsgewerbe nur mit einem Anteil von knapp 14 Prozent vertreten. Man zählte 75 Bäcker, 71 Fleischer oder Metzger und 20 Fischer (wobei die Bierbrauer nicht eigens berücksichtigt wurden). Etwas stärker vertreten waren mit knapp 200 Meistern die Textilgewerbe, die sich auf Schneider (76 Meister), Färber (34), Mäntler oder Mantelmacher (30), Loder oder Lodenmacher (28), Hutmacher (20) und Tuchscherer (10) verteilten. In den lederherstellenden und -verarbeitenden Betrieben zählte man 333 Meister, was einem Anteil von ca. 27,5 Prozent entspricht. Hier sind zu nennen die vielen Lederer (60), Ircher oder Weißgerber (35), Kürschner (57), Schuster (81), Taschner (22), Beutler (12), Handschuhmacher

(12), Sattler (17) und nicht wenige Reußen oder Altmacher bzw. Flickschuster (37). Auf die Holzverarbeitung (34 Büttner, 20 Wagner und 10 Schreiner), auf die Verarbeitung mineralischer Rohstoffe (11 Hafner, 23 Spiegelmacher und 11 Glaser), auf das Bauhandwerk (9 Steinmetzen und 16 Zimmerleute) sowie sonstige Gewerbe (10 Seiler, 6 Müller, 17 Wechsler) entfielen ca. 13,5 Prozent aller Meisterstellen. Den Hauptanteil mit 353 Meistern in 21 Handwerken stellten die hoch entwickelten und stark differenzierten Metallgewerbe. In fast einem Drittel der in Nürnberg betriebenen Werkstätten arbeiteten Plattner (12), Blechhandschuhmacher (21), Sarwürker bzw. Harnischmacher (4), Haubenschmiede (6), Nadler und Drahtschmiede (22), Messingschmiede, Gürtler, Zinngießer und Spengler (33), Flaschner (15), Schlosser (24), Bisser bzw. Zaumschmiede, Sporer und Steigbügelmacher (19), Bandbereiter (12), Nagler (6), Zeugschmiede, Flachschmiede, Knaufschmiede und Schleifer (9), Hufschmiede (22), Pfannenschmiede (5), Kesselschmiede (8), Messerer (73), Klingenschmiede (8), Kannengießer (14), Schwertfeger (7), Frumwerker bzw. Werkzeugmacher (17) und 16 Goldschmiede. Sie alle stellten eine Fülle verschiedenster Metallprodukte her, die in aller Welt geschätzt wurden, allen voran Rüstungen und Waffen. „Nürnberger Tand" wurde zu einem Sammelbegriff für Gerätschaften und Haushaltsartikel wie Rechenpfennige, Siebe, Nadeln, Fingerhüte, Scheren, Leuchter, Pfannen, Kämme, Pinsel, Knöpfe usw. Die hochwertigeren Produkte wurden von besonders vereidigten Handwerksmeistern einer Gütekontrolle unterzogen, weshalb die überall bekannten Plomben oder Stempel mit dem Nürnberger Wappen für Qualität bürgten. Im Heiligen Römischen Reich kam um 1500 die sprichwörtliche Redewendung auf: *„Hätt' ich Venedigs Macht, Augsburger Pracht, Nürnberger Witz, Straßburger Geschütz und Ulmer Geld, so wär' ich der Reichste von der Welt"*.

→ **Rechenpfennig**: münzähnliche Metallmarke ohne Kaufkraft zum Rechnen auf dem Rechenbrett.

NÜRNBERGER WITZ

Unter den großen europäischen Handelsstädten stach Nürnberg mit seiner besonderen Gabe, dem Erfindergeist oder technologischem Einfallsreichtum, dem „witz" hervor. Zu diesen Innovationen zählten insbesondere der um 1360 entwickelte halbmechanische Drahtzug, die 1368 verfeinerte Gewinnung und Behandlung von Saatgut für Nadelwald, der erstmalige Betrieb einer Papiermühle in Deutschland im Jahr 1390, die Montage der „Nürnberger Schere" zur raschen Eroberung gegnerischer Gebäude mittels einer Steigleiter kurz nach 1400, die Entwicklung der Taschenuhr durch Peter Henlein 1504 oder die Erfindung des Radschlosses bei Handfeuerwaffen 1517. Besonders in den Metallgewerben hatten die Nürnberger durch technologischen Fortschritt, Arbeitsteilung, Qualitätssicherung und Normierung europaweit eine führende Stellung gewonnen. So waren beispielsweise 1537 die Klingenschmiede und die Messerer in der Lage, wöchentlich bis zu 80.000 Klingen herzustellen und zu beschalen. Die Meister eines Gewerbes profitierten von den überregional agierenden Kaufleuten, welche ihnen im Rahmen eines Werkvertrags Rohstoffe lieferten, Kredite gaben oder Werkzeuge bereitstellten und die Abnahme der Ware zum Festpreis garantierten. Andererseits konnten sie in eine gewisse Abhängigkeit von ihren Verlegern geraten, wogegen der Rat immer wieder einschritt, indem er Ausschließlichkeitsverträge verbot oder Verlegergewinne begrenzte. Wie aktiv man gelegentlich Gewerbepolitik getrieben hat, zeigt im Jahr 1488 die Ansiedlung auswärtiger Barchentweber, auch wenn sie nicht das ansonsten erforderliche Vermögen mitbrachten. Auf dem Grund des alten Stadtgrabens am Treibberg ließ der Rat 15 gleichförmige Weberhäuser bauen, damit hier wie in Augsburg oder Ulm Barchent, ein Mischgewebe aus Leinen und Baumwolle, hergestellt werden konnte. Wegen der markanten baulichen, im Jahr 1524 erweiterten Anlage erhielt diese Art Reihenhaussiedlung den Namen „Sieben Zeilen".

→ **Verleger**: Unternehmer, der dezentral tätigen Handwerkern Rohstoffe oder Werkzeug liefert, deren standardisierte Erzeugnisse zum Festpreis abnimmt und sie selbst auf dem Markt verkauft.

NÜRNBERG IM 15. JAHRHUNDERT

Die Ehre des Handwerks

Die alteuropäische Gesellschaft kannte feste Standesgrenzen, nach denen auch das Handwerk in drei Klassen unterteilt war: Meister – Gesellen – Lehrjungen. Die Meister standen kaum in Konkurrenz zueinander, denn als Prinzip des Wirtschaftens galt das gute „Auskommen" oder die „gerechte Nahrung". Jeder Meister sollte von seiner Arbeit leben und die Familie ernähren können. Deshalb war die Anzahl der Werkstätten und diejenige der Gesellen und Lehrjungen je Meister beschränkt (in der Regel nur einer). Die Inhaber von Meisterstellen hatten größtes Interesse, dass die Konzessionen nicht vermehrt wurden, die Meisterstücke nicht zu leicht anzufertigen waren und die Gesellen lange Standjahre absolvieren mussten. Selbstverständlich erwarteten sie von ihrer Obrigkeit den Kampf gegen handwerksfremde „Stümpler" oder „Störer", die außerhalb der Stadt ohne Beachtung zünftischer Normen Waren ähnlicher Güte herstellten. Auch aus diesem Grund ließ der Rat im Jahr 1535 die Ordnungen revidieren und nach Rücksprache mit den vereidigten Meistern neu fassen. Es entstand ein dicker Folioband im Umfang von über tausend Blatt Pergament, der als umfangreichste Kodifizierung des deutschen Handwerksrechts gilt.

→ **Störer/Stümpler**: außerhalb der Zunft Stehender, die Handwerksordnung Störender.

Seit Kurzem kann man in Nürnberg in der kleinen, etwas dunklen Kühnertsgasse östlich der Lorenzkirche drei einzigartige Fachwerkhäuser besichtigen. Sie wurden im 14. und 15. Jahrhundert gebaut, später etwas verändert und modernisiert, doch haben sie auf wunderbare Weise alle Zeitläufe überstanden. Wer in diese vorbildlich restaurierten Anwesen eintritt, befindet sich plötzlich im Spätmittelalter und kann hier die früheren Lebens- und Arbeitsverhältnisse am Beispiel eines Gerbers, eines Klingenschmieds und eines Rotschmieds nachempfinden.

→ **Rotschmied**: Verarbeiter von Messing für Glocken, Kanonenrohre und Gegenständen für den Haushalt.

NÜRNBERGER WITZ

Gerber und Rotschmied, Darstellungen aus dem Hausbuch der Mendelschen Zwölfbrüderstiftung, 15. Jahrhundert (Stadtbibliothek Nürnberg)

Bei jedem der drei schmalen Reihenhäuser lag die Werkstatt im Erdgeschoss. Hier spielte sich fast alles ab. Schon kurz nach Tagesanbruch wurde darin gewalkt, gestampft, gehämmert, gefeilt, gesägt und gebohrt, hierher kamen Kunden, Lieferanten, Gesellen auf der Walz, Vorgeher des Handwerks, der Schreiber vom Rugamt (vom Nürnberger Rat 1470 gegründete Aufsichtsbehörde für das Handwerk), Nachbarn, Bettler usw. Bei den mehr als 100 Gewerken sahen die Häuser und Werkstätten – abgesehen von Besonderheiten wegen unterschiedlicher Herstellungstechniken – ähnlich aus. Ganz oben unter dem Dach hatten der Geselle und der Lehrjunge ihre kargen Schlafstellen. Sie gehörten zum Haushalt und nahmen am Familienleben ganz unmittelbar teil. Im Obergeschoss stand die Frau des Meisters am Herd, nebenan befanden sich die mehr oder minder große Wohnstube und eine Schlafkammer. Hatte der Lehrjunge seine festgelegten Jahre, für welche der Meister das Lehrgeld erhielt, hinter sich gebracht, musste er meistens zur Wanderschaft aufbrechen und sich in anderen Städten als Geselle verdingen. Jedes Handwerk verfügte über seine eigene Herberge, die in einem der mehr als 200 Gasthäuser und Schankstätten in Nürnberg untergebracht war. Die Herbergen wurden von den Wandergesellen der „geschenkten Handwerke", zu denen fast jedes zweite in der Stadt gehörte, aufgesucht. Hier erwartete den Fremden ein Willkommenstrunk durch Einschenken eines Getränks in ein Gefäß. Aus diesem Brauch der unentgeltlichen Gabe leitete sich im Neuhochdeutschen das Wort „Geschenk" ab. Damit aber Unberechtigte nicht in den Genuss solcher Vergünstigungen kamen, hatte jedes Handwerk eine Art Zugangscode, einen besonderen, nur mündlich tradierten Gruß. Dieser musste in längerer, mehrfacher Rede und Widerrede vor Zeugen korrekt wiedergegeben werden. Damit manches Produktionsgeheimnis nicht nach außen getragen wurde, führte man in Nürnberg ab dem 15. Jahrhundert die Besonderheit des „gesperrten Handwerks" ein. Dazu gehörten die Drahtzieher und die Kompassmacher, später kamen Brillenmacher, Trompetenmacher und

Goldspinner hinzu, deren Gesellen nicht auf Wanderschaft gehen durften. Ein Aufstieg zur Meisterschaft blieb dem wachsenden Kreis der Gesellen über einen sehr langen Zeitraum verwehrt, weil die Zahl der Werkstätten im Interesse der etablierten Meister begrenzt war. Dagegen waren die Söhne von Meistern im Vorteil und manche Witwe konnte plötzlich zum begehrten Heiratsobjekt werden. Man bewegte sich in einer streng normierten, ständischen Gesellschaft, in der jeder seinen festen Platz hatte. Das Ansehen und die soziale Ehre waren von hoher Bedeutung, weshalb alle Lehrjungen ehelicher Abstammung sein mussten. Verstieß ein Meister beispielsweise gegen diesen Grundsatz, wurde er von den anderen seiner Zunft „verrufen" und im schlimmsten Fall wurde das ganze Handwerk in Nürnberg von dem anderer Städte des Deutschen Reichs regelrecht geächtet. Auch wenn sich ein Geselle in seiner Ehre verletzt sah, konnte dies zu blutigen Auseinandersetzungen führen. Nicht nur zur Schlichtung solcher internen wie externen Streitigkeiten schuf der Rat im Jahr 1470 mit dem Rugamt eine Art Gewerbeaufsichtsbehörde. Es erhielt seinen Namen von der allgemeinen Aufforderung zum „Rügen" bzw. zum Anzeigen. Dies konnte auch Lehrjungen betreffen, die von ihren Meistern brutal gezüchtigt wurden.

Dank einer einzigartigen Quelle können wir regelrecht Einblick nehmen in die spätmittelalterliche Arbeitswelt der Handwerker in Nürnberg. Es war schon von der Mendelschen Zwölfbrüderstiftung beim Kartäuserkloster die Rede, in der zwölf verarmte Meister ihren Lebensabend verbringen durften. Im Gegenzug mussten sie Fürbitten für den Gründer und dessen Familie halten. Ein Enkel des Stifters, Marquard II. Mendel, veranlasste in seiner Zeit als Pfleger dieser Stiftung ab 1425 die Anlage eines Hausbuchs bzw. einer Bilderhandschrift. Darin sind alle Handwerker bei der Ausübung ihres früheren Berufs dargestellt. In seltener Geschlossenheit reicht der erste von insgesamt drei Bänden bis zum Jahr 1549 und umfasst die Namen von genau 340 Insassen oder „Brüdern". Sicherlich waren darunter auch viele, die seit dem ausgehenden 14. Jahrhundert den Meistersang pflegten. In Nürnberg wie in vielen süddeutschen Reichsstädten war es üblich, dass zur Verschönerung des Gottesdienstes ein kunstmäßiger Gesang nach strengen Regeln ohne Begleitung durch Instrumente gehalten wurde. Die Lieder nach festgelegten Strophenformen und Melodien waren religiösen Themen gewidmet, doch griff man beim Zechsingen im Wirtshaus auch auf weltliche Stoffe zurück. Zu den bedeutenden Meistersingern zählten der Wundarzt und Barbier Hans Folz (um 1435/40–1513), der Leinenweber Lienhard Nunnenbeck (gest. 1518/27) und der Schuhmachermeister Hans Sachs (1494–1576).

→ **Zechsingen**: im Gegensatz zum regelmäßigen Hauptsingen ungezwungener Gesang der Meistersinger im Wirtshaus.

KUNST UND WISSENSCHAFT

Es entsteht eine bürgerliche Ästhetik

Nach dem Ende der Regentschaft Kaiser Ludwigs des Bayern stand Nürnberg unter den Herrschern aus dem Hause Luxemburg zwischen 1347/49 und 1437 in vielfacher, sehr enger Beziehung mit deren Königreich Böhmen. Die Reichsstadt nahm viele Einflüsse aus dem kaiserlichen Umfeld auf, begann aber seit der Mitte des 14. Jahrhunderts in der bildenden Kunst eine eigenständige Tradition zu entwickeln. In der Dürer-Zeit gewann sie schließlich europäischen Rang. Während der kaiserliche Hof auf Prunkentfaltung bedacht war und dies in der wichtigsten Stadt des Heiligen Römischen Reichs mit dem Bau der Frauenkirche zwischen 1355 und 1358 auch demonstrierte, empfand man hier nicht höfisch, sondern bürgerlich. Die reichen Kaufleute, Grundbesitzer und ehemaligen Ministerialen entwickelten ihr eigenes Selbstbewusstsein und zeigten mit wachem Blick zu den führenden Städten in Europa sichtlich Ehrgeiz, eine ihnen gemäße Ausdrucksform der Kunst zu finden. Aber in Nürnberg ist man sachlich geblieben, *„Pathetik und Phantastik hatten in der Handelsstadt wenig Boden"* (Günther Bräutigam). Dies spiegelte sich zunächst in den großen Kirchen- und Klosterbauten sowie im Profan- und Wehrbau. Ein herausragendes Beispiel stellt das sogenannte Nassauer Haus schräg gegenüber der Westfassade von St. Lorenz dar. Es handelt sich um einen turmartigen Ministerialensitz aus der Zeit um 1200, den der Ratsherr Ulrich Ortlieb in den Jahren nach 1427 erhöhen und mit drei Eckerkern versehen ließ. Dass er hier sogar einen Fries mit den Wappen des Königs bzw. Kaisers, dessen Ehefrau sowie der sieben Kurfürsten anbringen durfte, geht auf eine merkwürdige Geschichte zurück. König Sigmund hatte 1431 an Ortlieb und zwei andere Nürnberger für die hohe Summe von 6.000 Gulden und 8.000 Dukaten die Krone des Großfürsten von Litauen verpfändet. Die drei traten als Strohmänner des Rats der Reichsstadt auf, bekamen aber nach Auslösung den geliehenen Betrag später wieder zurück.

→ **Ministeriale**: oberste Dienstleute der Könige und der Reichskirche in Verwaltung und Heerwesen (11. bis 14. Jahrhundert).

Die Bauhütten von St. Sebald, St. Lorenz und der Frauenkirche strahlten stark auf die Plastik aus. Dies zeigt sich an den für die damalige Zeit sehr bewegenden Figuren am Schönen Brunnen auf dem Hauptmarkt aus der Zeit zwischen 1385 und 1392 sowie im Zyklus von Tonaposteln in der Kirche von St. Jakob aus der Zeit um 1400. In erstem Gegensatz zu diesen sakralen Kunstwerken steht die um 1380 entstandene Brunnenfigur für den Hof des Heilig-Geist-Spitals, die der Volksmund seit dem 19. Jahrhundert „Hansl" nennt. Der meisterhafte Hohlguss aus Bronze stellt einen jungen, Schalmei spielenden Mann mit einfachem Kettengürtel dar. Aus dem Musikinstrument floss ursprünglich Wasser, was an diesem Ort Lebenskraft, Gesundheit und Reinigung bedeutete. Dass es in der Stadt wie beim Schönen Brunnen am Hauptmarkt freien Zugang zu trinkbarem Wasser gegeben hat, war ein außerordentlicher Luxus.

→ **Bauhütte**: Werkstatt von Steinmetzen und im übertragenen Sinn Organisation zur Durchführung eines großen Kirchenbaus.

KUNST UND WISSENSCHAFT

Das Nassauer Haus mit Wappenfries

Kunst im öffentlichen Raum

In den großen spätmittelalterlichen Städten war Kunst im öffentlichen Raum nicht zweckfrei, sondern meist religiös motiviert. Außerdem diente Kunst als elementares Zeichensystem. Alle Gassen und Plätze trugen zwar einen Namen, doch war dieser nirgendwo niedergeschrieben. Gleiches galt für die einzelnen Häuser, von denen man in Nürnberg am Ende des 18. Jahrhunderts über 3.200 zählte, was mit einigen Abstrichen dem spätmittelalterlichen Baubestand entsprochen haben dürfte. Erst unter französischer Besetzung hat man sie 1796 zur Einquartierung von Soldaten nummeriert. (In Köln entstand aufgrund dieses Systems der Markenname 4711). Zuvor hat es eine Vielzahl ganz individueller, über die Jahrhunderte unveränderlicher Hausnamen gegeben, die aber bis in unsere Gegenwart fast alle untergegangen sind. Sie waren ebenfalls nicht an den Fassaden verschriftlicht, sondern immer bildhaft als figürliche Darstellung aus Sandstein, Holz oder gebranntem Ton angebracht. Sehr beliebt waren Heilige und die vielen Hausmadonnen (Maria auf dem Thron, Maria auf der Mondsichel, Maria Verkündigung, Maria mit dem Jesuskind), aber auch göttliche und menschliche Wesen, Blumen, Früchte, Himmelskörper oder ganze Szenen (Josua und Kaleb mit der Weintraube). Die Ausführung war oft sehr kunstvoll, und aus der Werkstatt der großen Meister wie Adam Kraft oder Veit Stoß kam manches Relief. Als eines der *„bedeutendsten profanen Steinbildwerke des ausgehenden Mittelalters"* gilt jenes bei der alten Stadtwaage in der Winklerstraße 22 in der Nähe des Hauptmarkts. Es ist auf das Jahr 1497 datiert und programmatisch mit einem Schriftband versehen: „dir als einem andern". Unter einer Balkenwaage steht der alte, unbestechliche Waagmeister, den Blick fast schon in überirdische Ferne gerichtet. Zu seiner Rechten legt der Knecht das Gewicht auf, weshalb auf der anderen Seite der Kaufmann für seinen Ballen mit Ware zwar griesgrämig, aber wie alle anderen in seinen Beutel greifen muss.

→ **Waagmeister**: vereidigter Beamter im Waagamt zur Kontrolle der Quantität und Qualität von Gütern.

Ein kunstvolles Wappenrelief von Adam Kraft ziert auch die in den Jahren 1494/95 errichtete Kaiserstallung. Dieser riesige Sandsteinbau mit mächtigem Satteldach schloss die fast 50 Meter große Lücke zwischen dem Fünfeckigen Turm und dem 1377 hochgezogenen Luginsland bei der Reichsveste. Während der untere Raum genügend Platz zum Einstellen von Pferden bot,

KUNST UND WISSENSCHAFT

Relief an der Stadtwaage des Adam Kraft von 1497 (Kopie Winklerstraße 22)

dienten die oberen sechs Geschosse als Kornspeicher. Schon Kaiser Friedrich III. (1440–1493) hatte bei seinem Besuch in der Stadt im Jahr 1471 eigens die „Getraidcästen" besichtigt, und der Rat forcierte um die Jahrhundertwende die Anlage weiterer, in Kriegs- und Notzeiten lebenswichtiger Kornspeicher. In keiner anderen Stadt des Alten Reichs hat man so vorausschauend gebaut und lebenswichtige Getreidevorräte angelegt. Sie wurden alle von dem reichsstädtischen Baumeister Hans Beheim d.Ä. (1455/60–1538) geplant, der mit diesen monumentalen Zweckbauten auf einzigartige Weise das Stadtbild geprägt hat. Bereits in den Jahren 1490/91 hatte er in Verlängerung des Henkerstegs südlich der Pegnitz einen kompakten Quaderbau mit viergeschossigem Steildach errichtet, den man wegen der späteren Einlagerung von Talg und von Fetten Unschlitthaus genannt hat. Es folgte 1498 in der Nähe von St. Lorenz auf dem ehemaligen Stadtgraben der vorletzten Befestigung ein über 84 Meter langes und knapp 20 Meter breites Kornhaus. Dieser größte und letzte von insgesamt zehn Speichern konnte von den Schmalseiten mit Wagen befahren werden. Der gewaltige Ostgiebel ist mit einem aufgeblendeten Netz aus Backsteinen verziert, die sich in Form von Bögen mit geschweiften Kanten durchdringen. Unmittelbar darunter schuf der Steinmetz Adam Kraft im mittleren Bogenfeld eine repräsentative, aber auch ein wenig ironische Darstellung: Es sind die drei Nürnberger Stadtwappen zu sehen, zwischen denen ein Hund herumschnüffelt. Diese Bauten stehen in der Tradition des Kornhauses bei St. Egidien von 1481 (später: Peststadel) und des noch in Fachwerk errichteten Sondersiechenhauses aus den Jahren 1446 bis 1448, des sogenannten Weinstadels.

Stete Mahnung an eine gerechte Justiz

Selbstverständlich waren die Hoheitszeichen der Stadt außen an den großen Toren zu sehen, doch begann man im 15. Jahrhundert diese auch im Inneren zu zeigen. Die Stadt demonstrierte damit ihren Bezug zum Reich, als dessen Sachwalter der Rat eingesetzt war. Er verstand sich als gerechte Obrigkeit und erwartete rechtschaffenes Verhalten von den Bürgern. In diesem Sinne wurde auch in der Öffentlichkeit an Richter und zu Richtende appelliert. Daran gemahnte im großen Ratssaal aus dem Jahr 1340, in dem öffentlich Recht gesprochen wurde, ein Bronzerelief mit folgender Inschrift: „eins manns red ist ein halbe red, man soll die teyl verhören bed" oder nach alter Juristenweisheit „Zweier Zeugen Mund tun die Wahrheit kund". Bei der großartigen Renovierung und Ausmalung dieses Saals in den Jahren 1521/22 hat Albrecht Dürer an der Nordwand lebensgroß die „Verleumdung des Apelles" bzw. die Verleumdung der Unschuld dargestellt. Es handelt sich um ein Gerechtigkeitsbild in Anspielung auf den zu Unrecht beschuldigten Hofmaler Alexanders des Großen, das schon Sandro Botticelli um 1495 zur

KUNST UND WISSENSCHAFT

Kornhaus des Hans Beheim von 1498–1502 (Mauthalle)

Anfertigung eines Gemäldes veranlasst hat. Die Nürnberger Wandmalerei zeigte einen Richter mit auffallend langen (Esels) Ohren, der von zwei jungen Frauen (der Unwissenheit und dem Argwohn) beraten wird. Die Allegorie der Verleumdung schleift einen jungen, flehend die Hände empor streckenden Mann vor den Richterstuhl. Daneben stehen drei Personen (der Neid, die Hinterlist und der Betrug), denen nacheilend drei weitere folgen (die Strafe mit dem Richtschwert, der Irrtum und die Eile). Abgeschlagen am Ende des Zuges schreitet im Trauergewand die Allegorie der Reue und schließlich einer Fürstin gleich die einen Sonnenspiegel in der Hand haltende Wahrheit. Bis zur Zerstörung des großartigen Wandbilds im Jahr 1945 war im Ratssaal noch ein kecker Putto mit Kranich zu sehen. Darüber stand in Latein geschrieben: „Niemand soll ein Urteil fällen, bevor er die Sache genau geprüft hat". Denn die Ratsherren bildeten das Schöffengericht, das hier über Leben und Tod urteilte.

Auch deshalb hat man schon 1519 über der Türe zur Ratsstube eine dem Augsburger Hans Schwarz (um 1492– nach 1532) zugeschriebene Holzskulptur anbringen lassen. Mittig auf einem Greif thront der gerechte Richter mit Gerichtsstab und Waage. Links von ihm versucht ein reicher Mann durch den Griff in einen prall gefüllten Ledersack ihn zu bestechen, während der Blick des Richters auf der anderen Seite auf einen gebeugten, barhäuptigen alten Mann fällt, dem sich die Waagschale zuneigte. Jenem zur Seite stand ein Engelchen, dem Ungerechten aber ein verführerisches Teufelchen (heutiger Standort: Stadtmuseum Fembohaus). Zwei Generationen später ließ man auf dem ehemaligen Kirchhof von St. Lorenz den Tugendbrunnen mit sieben Figuren aufstellen. Sie stellten die drei christlichen Tugenden (Glaube, Liebe, Hoffnung) und die vier Kardinaltugenden dar (Tapferkeit, Mäßigkeit, Geduld und Gerechtigkeit). Jede Tugend war durch ein Attribut gekennzeichnet, weshalb der Justitia auf dem obersten Gesims Waage und Richtschwert beigegeben waren. Hinter ihr stand der Kranich, das Symbol der Wachsamkeit, mit einem Stein in der abgewinkelten Kralle. Sollte das wachsame Tier einschlafen, weckte es schmerzhaft der auf die andere Kralle herabfallende Stein.

„Albertus Durerus Noricus"

In der Spätgotik war man von derartiger Profanierung der Kunst noch sehr weit entfernt. Seit dem späten 14. Jahrhundert waren die Nürnberger Gold- und Silberschmiede für die Fertigung von Kelchen, Monstranzen und Reliquiaren berühmt, doch stellten sie neben Typaren bald auch Pokale, Schalen, Wasserkannen und Tafelaufsätze in verschiedensten Formen her. Einer der prächtigsten mit einem Gewicht von fast sechs Kilogramm Silber war das nach den späteren Besitzern genannte Schlüsselfelder Schiff aus der Zeit kurz nach 1500. Eine zweischwänzige

Rechts: Ein prachtvoller Tafelaufsatz: das Schlüsselfelder-Schiff von 1502/03

KUNST UND WISSENSCHAFT

Meerjungfrau trägt ein dreimastiges Segelschiff mit geblähtem Vordersegel. An Deck, in den Strickleitern und in den Mastkörben tummeln sich bewaffnete Seeleute, und wer genau hinsieht, erkennt neben Essenden und Trinkenden auch ein Liebespaar, einen Narren, einen lesenden und einen meditierenden Mönch. Welch kostbarer Augenschmaus auf einer vornehmen Nürnberger Tafel, auf der man en miniature ein Handelsschiff dieser Zeit bestaunen konnte, mit dem nur wenige Jahre zuvor ein neuer Kontinent entdeckt worden war.

Der Fertiger dieses Kleinods ist nicht bekannt, doch vermutet die Forschung den Goldschmied Albrecht Dürer d. Ä. (1432–1502). Er stammte aus Ajtos bei Gyula in Ungarn und ließ sich nach der Wanderschaft 1455 in Nürnberg nieder. Hier heiratete er 1467 die Tochter seines Meisters. Zu seinen Auftraggebern gehörten nachweislich einige Nürnberger Familien, der Bischof von Posen und Kaiser Friedrich III. Aus der Ehe Albrechts d. Ä. mit Barbara Holper (1452–1514) gingen 20 Kinder hervor, von denen nur vier das Erwachsenenalter erreichten. Der mittlere Sohn Endres wurde Goldschmied, der jüngste Sohn Hans Hofmaler. Beide hatten aber nicht das Talent des ältesten, Albrecht d. J. Dürer (1471–1528), der jedoch im Alter von 15 Jahren die Lehre als Goldschmied abbrach. Stattdessen begann er 1486 eine Malerlehre bei dem renommierten Meister Michael Wolgemut (1434/37–1519). Er hatte sich in Nürnberg eine Werkstatt aufgebaut, die in Süddeutschland konkurrenzlos war. Nach dem Ende der Lehrzeit brach Dürer 1490 zur Wanderschaft auf, die ihn nach Straßburg, Colmar, Basel und möglicherweise in die Niederlande führte. In den Jahren 1494/95 besuchte er Venedig, wohin er sich 1505/06 erneut wandte, und später noch Padua, Bologna und Ferrara sowie eventuell Rom. Gemeinsam mit seiner Ehefrau Agnes (1475–1539), die er 1494 geehelicht hatte, brach er 1520 zur niederländischen Reise auf, die ihn über Köln nach Antwerpen, Mecheln, Brüssel, Aachen und Jülich führte. Dürers künstlerische Laufbahn begann mit Holzschnitten und Kupferstichen, die er zunächst auf einer eigenen Presse und ab 1498 mit Hilfe seines Paten Anton Koberger d. Ä. (1440/45–1513) herausbrachte. Es entstanden die Apokalypse (1495), die Große Passion (1511) und das Marienleben (1511) sowie als bedeutendste Stiche Ritter, Tod und Teufel (1513) und Melancholie (1514). Bei einem Besuch in Nürnberg im Frühjahr 1512 bedachte Kaiser Maximilian I. Dürer mit wichtigen Aufträgen, darunter später auch die Ehrenpforte, das größte als Holzschnitt hergestellte Kunstwerk, und den Triumphzug. Drei Jahre nach dieser vornehmsten Bekanntschaft gewährte Maximilian I. dem herausragenden Künstler eine Leibrente auf Lebenszeit von 100 Gulden. Schon 1509 hatte der Maler ein stattliches vierstöckiges Eckhaus beim Tiergärtnertor im Wert von über 500 Gulden erworben. Hier richtete er seine Werkstatt ein, in der u.a. Hans Baldung genannt Grien, Hans Schäufelein, Hans von Kulmbach, Hans Springinklee lernten und arbeiteten. Zu den frühesten Gemälden Dürers zählen Porträts der Mutter (1498/90) und des Vaters (1490) sowie Selbstporträts (1498, 1500). Das letztere, christusähnliche Selbstbildnis mit der Inschrift „Albertus Durerus Noricus" zeugt von der humanistischen Erkenntnis, dass der Künstler wie Gott ein Schöpfer ist und dass Gott ein Künstler ist. Dass Dürer einen Feldhasen (1502) und ein Rasenstück (1503) malte, mag den Zeitgenossen revolutionär erschienen sein, es war aber Ausdruck tiefer Gläubigkeit. Sie spiegelte sich auch in den Vier Aposteln (1526) wider, die als persönliches Vermächtnis eines der berühmtesten Künstler der Welt an seine Vaterstadt gelten. Diese Gabe stand im Zusammenhang mit dem Religionsgespräch im Jahr zuvor und der Einführung der Reformation in Nürnberg, war doch Dürer ein früher und treuer Anhänger Martin Luthers. Als der Wittenberger Reformator 1530 äußerte, *„Nurnberg leucht warlich jnn gantz Deutsches land wie eine sonne unter mon und sterne ..."*, mag er an diesen großen Mann gedacht haben. Gegen Ende seines Lebens trat Dürer noch durch kunsttheoretische Schriften zur angewandten Geometrie (1525), zur Befestigungslehre (1527) und zur Proportionslehre (1528) hervor. Auch wenn viele Werke untergegangen sind und nur ganz wenige in seiner Vaterstadt verblieben sind, hinterließ Dürer etwa 90 Gemälde, 100 Stiche, 300 Holzschnitte und etwa 400 Buchillustrationen. Beigesetzt wurde der größte Sohn Nürnbergs Anfang April 1528 auf dem Johannisfriedhof.

Zwei Jahre später verstarb der Humanist und Ratsherr Willibald Pirckheimer (1470–1530), dessen Grab ebenfalls auf dem Johannisfriedhof liegt. Beide hat eine sehr enge freundschaftliche und geistige Beziehung verbunden. Pirckheimer stammte aus einer Nürnberger Kaufmanns- und Ratsfamilie, in der intellektuelle Neigungen vorherrschten. Auch Willibald hatte viele Jahre in Padua und Pavia studiert und wurde in seiner Heimatstadt als Jurist, Diplomat und Ratsherr sehr geschätzt. Besonders hervorgetreten ist er durch Übersetzung griechischer Schriftsteller in das Lateinische, und er vermittelte Dürer Kenntnisse über die Antike, die sich in seinem künstlerischen Schaffen vielfach niedergeschlagen hat. Pirckheimer verwahrte in seinem Wohnhaus am Hauptmarkt eine für die damalige Zeit ungeheuer große und reichhaltige Bibliothek, die ebenso wie seine Sammlungen an Gold- und Silbergefäßen, Münzen und Medaillen nach seinem Tod – er war der Letzte seines Geschlechts – verstreut wurde.

Albrecht Dürer – Selbstporträt von 1500

Nürnberger vermessen die Erde

Ein besseres Schicksal war dem Nachlass des bekannten Astronomen Regiomontanus (1436–1476) beschieden, welchen der Rat nach langen Verhandlungen mit den Nachkommen schließlich erworben hat. Der Astronom hieß eigentlich Johannes Müller und stammte aus dem fränkischen Königsberg, doch hatte er

KUNST UND WISSENSCHAFT

gemäß gelehrtem Brauch seinen Herkunftsort latinisiert. Der renommierte Wissenschaftler hatte in Wien, Rom und im ungarischen Preßburg gewirkt, bis er sich 1471 dazu entschloss, seinen Wohnsitz zu verlegen. Dies begründete er folgendermaßen: *„Ich wählte Nürnberg zum beständigen Aufenthalt teils wegen der Instrumente, besonders der astronomischen, welche daselbst verfertigt werden, teils weil man von diesem Orte aus überall hin mit den Gelehrten des Auslandes leichter einen Briefwechsel unterhalten kann, indem dieser Ort wegen seines ausgebreiteten Handels gleichsam für den Mittelpunkt Europas angesehen werden kann."* Nach der Veröffentlichung seines astronomischen Hauptwerks wurde Regiomontanus wegen einer Kalenderreform von Papst Sixtus IV. nach Rom berufen, wo er unerwartet verstarb. Seine sterblichen Überreste wurden im Pantheon beigesetzt. Er hatte den Ruf Nürnbergs als mathematisches und astronomisches Zentrum begründet, den sein Nachfolger Bernhard Walter (1430–1504) weiter festigte.

Die von Regiomontanus angesprochenen besonderen Instrumente waren Jakobsstäbe, Astrolabien, Quadranten und Klappsonnenuhren mit Kompass. In ganz Europa gab es um 1500 nur zwei Produktionsstätten für die aus Elfenbein gefertigten Sonnenuhren: die französische Hafenstadt Dieppe am Ärmelkanal und Nürnberg. Die Geräte waren die Voraussetzung zur Erkundung sowohl der alten wie der neuen Welt.

→ **Jakobsstab**: skalierter Längsstab mit verschiebbarem Querstab zum Messen von Winkeln.
→ **Astrolabium**: flaches, kreisrundes Messgerät mit drehbarer Metallscheibe zur Zeitmessung und zur Beobachtung des Himmels.
→ **Quadrant**: Viertelkreisbogen mit Lot zur Feldmessung und für astronomische Zwecke.

Welcher Wissenstransfer zwischen den führenden Metropolen herrschte, belegt einer der Schätze aus der Nationalbibliothek in Florenz. Es handelt sich um einen vor 1490 entstandenen Kodex mit Welt-, Europa- und Deutschlandkarten, bei dessen Herstellung ein gewisser „Arigo da Norimberga" tätig gewesen ist. Dieser hatte Kontakt mit Nürnberger Kaufleuten, und man geht davon aus, dass jener in der Stadt am Arno ansässige Arigo bzw. Heinrich mit Heinrich Schlüsselfelder identisch ist. Er war Angehöriger einer kurz vor 1400 in Nürnberg ansässigen, später ratsfähigen Familie. Arigo übersetzte 1472/73 Giovanni Boccaccios (gest. 1375) Decamerone, eine Sammlung von 100 Novellen über die Liebesmoral, ins Deutsche. So verwundert auch nicht mehr eine ganz besondere Merkwürdigkeit auf einer 1490 in Florenz gedruckten Europakarte. Es sind darin ganz wenige Ländernamen eingetragen und nur ein einziger Ortsname ist ganz in der Mitte zu lesen: „Norenber(c)".

Der älteste erhaltene Globus von 1493/94 benannt nach Martin II. Behaim

Unter den Nürnbergern, die in alle Länder Europas ausschwärmten, befanden sich Unternehmer, Mitarbeiter von Handelsfirmen, Diplomaten, Studenten und manche Abenteurer. Dazu zählte auch Martin II. Behaim (1459–1507), der im Alter von 17 Jahren als Kaufmannslehrling nach Flandern geschickt wurde. Hier lebte und arbeitete er neun Jahre, bis er sich 1485 nach Portugal wandte und bald darauf eine Einheimische heiratete. Zur Regelung einer Erbauseinandersetzung kehrte er 1490 nach Nürnberg zurück, wo er sich erfolglos darum bemühte Kapital für eine Indienfahrt zu sammeln. Unsterblich wurde Behaim jedoch durch die Herstellung eines nach ihm benannten Globus, der ältesten erhaltenen Darstellung der Erdkugel (heute: Germanisches Nationalmuseum). Dabei handelte es sich um ein Gemeinschaftswerk Nürnberger

KUNST UND WISSENSCHAFT

Humanisten, Handwerker und Künstler, das in den Jahren 1492 bis 1494 entstanden ist. Behaim kehrte nach Portugal zurück, wo er völlig verarmt in Lissabon verstarb.

Einheimische und Zuwanderer prägten das geistige Leben der Stadt. Zu ihnen gehörte der aus Erfurt stammende Erhard Etzlaub (1455/60–1532), der schon 1484 das Bürgerrecht in Nürnberg erworben hatte. Er war ein renommierter Kartograph und Kompassmacher, der später noch als Astronom, Horologe und Arzt hervorgetreten ist. Auch er sah im Buchdruck das neue Medium schlechthin, mit dem man Wissen schneller verbreiten konnte, mit dem aber auch ein Geschäft zu machen war. Diese Chance sah Etzlaub mit der anstehenden Jahrhundertwende kommen, als Papst Alexander VI. (1492–1503) ein Heiliges Jahr angesetzt und zur Pilgerreise nach Rom aufgerufen hatte. Der Besuch aller Basiliken verhieß vollkommenen Ablass. Zu diesem Anlass erstellte Etzlaub in Nürnberg kurz vor dem Jahr 1500 als Einblattdruck eine Karte Mitteleuropas mit der Überschrift: *„Das ist der Rom weg von meylen zu meylen mit puncten verzeychnet von eyner stat zu der andern durch deutzsche lantt"*. Die Karte war nach Süden („Mittag") ausgerichtet und erstreckte sich von Dänemark und Schottland bis nach Mittelitalien. Äußerst modern sind die mit punktierten Linien angedeuteten Straßenzüge, bei denen jeder Wegpunkt einer Meile oder 7,4 Kilometern entsprach. Im Zentrum der Romwegkarte liegt Nürnberg. Wegen der hohen Messgenauigkeit, den Angaben der Breitengrade am linken Rand und der veränderlichen Tageslängen am rechten Rand gilt sie als eine Inkunabel der Kartographie. Zum besseren Gebrauch wurde noch eine Anweisung für den Umgang mit dem Reisekompass bzw. der Klappsonnenuhr beigegeben. Die Karte scheint beim Publikum auf sehr große Nachfrage gestoßen zu sein, denn neben der ersten Ausgabe ist noch ein Nachdruck nachgewiesen, für den Etzlaub präzise Angaben zur Kolorierung gemacht hat. Trotzdem sind von beiden Auflagen weltweit nur zwölf Exemplare erhalten geblieben.

NÜRNBERG IM 15. JAHRHUNDERT

Romwegkarte des Erhard Etzlaub für das Heilige Jahr 1500

„Geschickte Kynder"

Dass Wissenschaft und Bildung die Triebfedern wirtschaftlichen Fortschritts waren, hatte der Rat sehr klar gesehen. Seit dem 14. Jahrhundert gab es in Nürnberg vier Lateinschulen, die von Geistlichen bei den Pfarrkirchen St. Lorenz und St. Sebald, beim Heilig-Geist-Spital und beim Egidienkloster geführt wurden. Sie dienten der Erziehung einer geistigen Elite, wogegen das wirtschaftende Bürgertum seinen Nachwuchs auf die deutschen Schulen schickte. Etwa seit 1400 gaben Schreib- und Rechenmeister gegen Bezahlung Unterricht im Lesen, Schreiben, in den Grundrechenarten und im kaufmännischen Rechnen. Der Grad der Alphabetisierung dürfte deshalb in Nürnberg im Vergleich zu anderen Städten relativ hoch gewesen sein. War der Besuch der deutschen Schulen kostenpflichtig, so schuf man nach Einführung der Reformation etwas völlig Neues. In den Räumen des ehemaligen Egidienklosters eröffnete der Rat 1526 die „obere Schule", für die als Rektor der Wittenberger Humanist Philipp Schwartzerdt bzw. Melanchthon (1497–1560) gewonnen wurde. Das Gymnasium stand ausdrücklich nicht unter der Aufsicht Geistlicher, sondern unter der des Rats und war vor allem kostenfrei, was für Ärmere einen Anreiz darstellte. Es sollten hier „geschickte kynder" gefördert werden, um sie gezielt auf den Besuch einer Universität vorzubereiten. Die ältesten Hochschulen im Deutschen Reich gab es seit 1347 in Prag, seit 1365 in Wien und seit 1385 in Heidelberg. Dagegen wurden in Oberdeutschland erst zwischen 1457 und 1459 Universitäten in Freiburg im Breisgau, in Basel und in Ingolstadt gegründet. Das Gymnasium in Nürnberg ist schließlich 1575 zur Akademie erhoben und in das beschauliche Städtchen Altdorf verlegt worden. Nach der Aufwertung zur Universität im Jahr 1622 waren Nürnberg und Straßburg (seit 1621) die einzigen Reichsstädte in Deutschland, die solche (evangelischen) Hochschulen unterhielten.

Das älteste gedruckte Gesetzbuch Deutschlands

Während der Anwesenheit Martin Behaims anlässlich der Herstellung des Globus in Nürnberg wurde bei dem Buchdrucker Anton Koberger d. Ä. die Weltchronik des Dr. Hartmann Schedels hergestellt. Der lateinischen Ausgabe von 1493 folgte noch im selben Jahr eine deutsche. Dieses und andere Werke wurden über ein gewaltiges Netz an Filialen in ganz Europa verkauft. In dem Druck- und Verlagshaus gegenüber dem Kloster von St. Egidien an der Tetzelgasse waren über 100 Gesellen beschäftigt, es wurde an 24 Pressen gearbeitet – für die damalige Zeit ein Riesenunternehmen. Hier hatte der Rat schon 1484 die „Neue Reformacion der Stat Nuremberg" drucken lassen. Sieben Jahre lang haben Ratskonsulenten und Rechtsgelehrte sich beraten, bis sie eine wegweisende Überarbeitung und Neufassung (= Reformation) des Nürnberger Zivilrechts vorlegen konnten. Das Werk im Umfang von 176 Blatt im Folioformat vereinigte bislang nur mündlich überliefertes Gewohnheitsrecht mit dem seit dem 15. Jahrhundert aufkommenden moderneren Römischen Recht. Der Gesetzestext war so epochal, dass er u.a. für Hamburg, Frankfurt, Württemberg, Kurpfalz und das Herzogtum Bayern zum Vorbild wurde und in einigen Passagen sogar bis zur Einführung des Bürgerlichen Gesetzbuchs am 1. Januar 1900 noch Gültigkeit hatte.

GESELLSCHAFT UND ALLTAG

Schmalzküchlein und Schembartlauf

Die jährliche Fastenzeit beginnt am Aschermittwoch und dauert 40 Tage. In diesen knapp sieben Wochen waren die Altäre in den Kirchen verhüllt, und der Genuss von Wein sowie Fleisch war ebenso wie in der Adventszeit verboten. Umso ausgelassener beging man im damals noch katholischen Nürnberg die vorherigen Tage in Saus und Braus. Der letzte Samstag vor der Fastenzeit hieß bezeichnenderweise der „schmalzige Samstag", an dem man abgesehen von Brot und Wein vor allem die üppigen Schmalzküchlein reichte. Neben dem Herbst waren die allmählich länger werdenden Tage des abklingenden Winters von alters her ein fester Zinstermin, an dem die bäuerlichen Hintersassen u.a. Fasnachtshühner abliefern mussten. Im Jahr 1451 fand ein Chronist besonders bemerkenswert: es *„geschah so vil hohzeit vor fasnacht als nie kain man gedenkt"*. Da das Heiraten aus religiösen Gründen bis Ostern untersagt war, nutzten offenbar viele Ehewillige – noch dazu nach dem glücklichen Ende des Markgrafenkrieges – die freudvolle Zeit. In Nürnberg hieß Esto mihi, der siebte Sonntag vor Ostern, die „Herrenfasnacht", womit wahrscheinlich ein üppiges Mahl der Herren des regierenden Rats gemeint war. Dieses Datum wählte 1452 der Kaufmann und Ratsherr Peter Rieter (gest. 1462) zum Eintritt in das Barfüßerkloster, in dem er sein Leben schließlich beschloss. Dem „geilen Montag", was im Mittelhochdeutschen einfach „fröhlicher, lustiger, besonders ausgelassener Montag" bedeutete, folgte am Dienstag die „rechte Fasnacht". Aus einer Verordnung vom Beginn des 15. Jahrhunderts ist überliefert, dass nur an diesen drei Tagen den Handwerkern erlaubt war, sie dürften „durch die stat rayen und mit pfeiffern gen", also in Begleitung der Stadtpfeifer in Reihen durch die Gassen tanzen.

Jüngeren Forschungen zufolge gehen Fasnacht oder Fasching auf vorchristliches Brauchtum zurück, das auf Licht, Wachstum, Fruchtbarkeit und bevorstehenden Segen des Sommers hindeutete. Dieses Brauchtum war als nicht schriftliche Kultur lange Zeit kaum nachweisbar, bis die Obrigkeiten im Laufe des Spätmittelalters allerlei Einschränkungen vornahmen. Dazu gab es besonders in Nürnberg allen Anlass, denn hier entwickelten sich seit der Mitte des 15. Jahrhunderts mit dem Tragen von Masken und dem Kleidertausch unter beiden Geschlechtern besondere Formen des Festrausches. Vom Rat ausdrücklich gebilligt war der Metzgertanz, zu dem die städtischen Pfeifer und Trommler aufspielten. Gerade dieses Handwerk hatte allen Grund für eine solche Ritualisierung, denn während der Fastenzeit durften sie ihren Beruf nicht ausüben. Die Metzger wurden von einer Lauftruppe eskortiert, die wegen ihrer schönen Gesichtsmasken auffiel. Daran fanden die Angehörigen der Ratsgeschlechter großes Gefallen und es gelang ihnen im Jahr 1468 den Metzgern das Recht am sogenannten Schembartlauf abzukaufen. Eine kleine Gruppe einheitlich sehr schön Kostümierter zog unter einem Anführer von der Burg aus und lief und tanzte auf einem festgelegten Weg durch die Stadt vorbei am Rathaus und am Frauenhaus. Das Spektakel endete immer am Hauptmarkt, wo man die „Hölle" verbrannte. So nannte man die Schaugefährte in Gestalt von Burgen, Drachen, Elefanten oder Schiffen, die seit 1475 mitgeführt wurden und schließlich in Flammen aufgingen. Im Jahr

GESELLSCHAFT UND ALLTAG

Schembartlauf mit Hölle, seit 1539 verboten

1539 nahm der evangelische Prediger Andreas Osiander daran Anstoß und prangerte die Fasnachtsumzüge als heidnische Überreste an. Als ihn im Gegenzug die Schembartläufer 1539 auf satirische Weise bloßstellten, beschwerte sich der „Pfaff" beim Rat. Dieser ließ die Anführer für kurze Zeit inhaftieren und verbot für die Zukunft alle Schembartläufe, Umzüge und Lustbarkeiten.

Die Obrigkeit weist ihre Untertanen zurecht

Die seit dem 15. Jahrhundert zunehmend autoritäre Einstellung der Obrigkeiten wird in der historischen Forschung als Sozialdisziplinierung bezeichnet. Übertriebener Kleidungsaufwand, Gotteslästerung, sittenwidriges Fluchen, Zutrinken in der Öffentlichkeit oder Müßiggang wurden nicht nur in der Reichsstadt unter Strafe gestellt. Im Deutschen kannte man für diese wachsende Durchdringung von Umgangsformen und Lebensäußerungen keinen entsprechenden Begriff, bis Nürnberger

Rechtsgelehrte erstmals 1464 das Fremdwort „Pollicey" gebrauchten. Es bezeichnete den Zustand guter Ordnung eines Gemeinwesens, und schon 1530 wurde für das gesamte Deutsche Reich die erste von vielen weiteren Polizeiordnungen erlassen. Sie enthielten Vorschriften zu standesgemäßem Verhalten und entsprechender Lebensführung, forderten zu schärferem Vorgehen gegen Bettler und Wucherer auf und ordneten Regelungen für gerechten Handel, ehrliche Gewichte, Münzen und Preise an. Gerade die Reformation lieferte den Obrigkeiten eine ethische Begründung für die strengere Reglementierung des privaten und öffentlichen Lebens der Untertanen. In der katholischen Stadt Nürnberg war es beispielsweise üblich, dass neben den Sonntagen eine annähernd gleiche Anzahl von kirchlichen Fest- und Feiertagen begangen wurde. Nach einem Mandat des evangelischen Rats vom 24. Mai 1525, das wie üblich an den Toren angeschlagen und nach der Predigt von den Kanzeln verlesen wurde, sind fast all diese arbeitsfreien Tage abgeschafft worden. Denn sie hätten dazu geführt, dass sich *„Fuellerey, Zorn, Unkeusch, Eebruch, Hadder, Verwundung, Todtschlag, Unfried und andere offenliche suendtliche Laster"* in der Bevölkerung ausbreiteten. Fortan sollte es nur noch acht Feiertage geben, darunter bemerkenswerterweise auch Johannis (24. Juni), den Zwölfbotentag (15. Juli) und Mariä Himmelfahrt (15. August). Hier zeichnete sich ab, was später treffend als die „protestantische Ethik" beschrieben wurde. Die Entstehung rationalen Wirtschaftens und des Kapitalismus wird auf Luthers neues Verständnis vom Beruf zurückgeführt, wonach jeder Christ nur auf dem für ihn durch Gott bestimmten Platz gute Werke tun kann.

Als eine Folge der Rationalität und des Gewinnstrebens könnte man auch die Zeitmessung sehen, die seit dem Spätmittelalter kontinuierlich verfeinert wurde. Allerdings hatte sie für die Arbeitsleistung der Menschen im städtischen Gewerbe keineswegs jene einschneidende Bedeutung wie seit der Industrialisierung, seit der nur noch die Uhr den Takt vorgibt. Für

GESELLSCHAFT UND ALLTAG

die Zeit des 14. bis 18. Jahrhunderts spricht man deshalb von der alteuropäischen Gesellschaft, die von einer nur geringen Veränderung der Lebens- und Arbeitsverhältnisse geprägt war. Vor allem im ländlich-agrarischen Bereich bestimmten die Tageslänge und die stets wiederkehrenden jahreszeitlichen Veränderungen den Lebenswandel. Auch im Handwerk war man daran gebunden, denn mit Ausnahme der Baugewerbe richtete sich die Bezahlung nicht nach der Arbeitszeit, sondern nach der Produktionsmenge. Dennoch wuchs das Bedürfnis nach Zeitmessung seit dem 14. Jahrhundert in den Städten, vornehmlich um gemeinsame Aktivitäten wie die Tageseinteilung im Kloster oder die Öffnung und Schließung von Märkten zu koordinieren sowie den Beginn und das Ende von Sitzungen, Unterrichtseinheiten u.a. vorzugeben. Als klassisches Hilfsmittel diente seit der Antike die Sonnenuhr, wie sie 1502 noch an der Südfassade der Lorenzkirche von Johann Stabius (um 1460– 1522), dem Hofastronom Kaiser Maximilians I., auf prachtvolle Weise verwirklicht wurde. Allerdings waren schon seit über 150 Jahren große Schlaguhren mit herabhängenden Gewichten im Gebrauch, deren Mechanik laufend verbessert wurde.

Als eine der ältesten erhaltenen Räderuhren in Deutschland gilt die Türmeruhr der Nürnberger Sebalduskirche aus dem frühen 15. Jahrhundert. Mittels eines Weckwerks wurde der Wächter stündlich daran erinnert, die Glocke zu schlagen, was wiederum den Wächtern auf der Lorenzkirche, auf dem Weißen Turm und dem Laufer Schlagturm das Signal zum Läuten gab. Das Zifferblatt weist 16 Tastknöpfe auf, denn seit dem Jahr 1374 wurden von dem in 24 Stunden eingeteilten Tag jeweils nur die Tag- und die Nachtlänge gezählt. Beide variierten stetig zwischen acht Stunden am Thomastag bzw. zu Beginn des Winters und 16 Stunden kurz vor Johannis. Der Anfang des Tages und derjenige der Nacht wurden immer mit dem „Garaus" angeschlagen, bei dem man beispielsweise die Stadttore geöffnet oder geschlossen hat. Einen technologischen Höhepunkt dieser Entwicklung stellt die zwischen 1506 und 1509 konstruierte Turmuhr am Michaelschor der Frauenkirche dar. Sie ist gekoppelt mit einer blau-goldenen Kugel, die präzise die jeweilige Mondphase anzeigt. Jeweils um zwölf Uhr ertönt die bekrönende Schlagglocke und es öffnen sich zwei Türchen für den dreimaligen Umzug der sieben Kurfürsten vor dem Kaiser, den sie gemäß der Goldenen Bulle von 1356 wählten.

Schlechte Zeiten

Zu Füßen dieses Wunderwerks herrschte am „Grünen Markt" (dem erst seit 1809 sogenannten Hauptmarkt) dienstags, donnerstags und samstags immer geschäftiges Treiben. Der annähernd quadratische Platz war in kleinere Bereiche unterteilt, in denen Wildbret, Tauben, Spanferkel, Käse, Samen, Geflügel, Eier, Schmalz, Garn, Flachs, Brot, Kräuter, gesalzene Fische, Gemüse, Blumen, Kraut, Seife, Salz und Butter feilgeboten wurden. Fast alles stammte aus dem „Knoblauchsland", wie die fruchtbare Gegend unmittelbar im Norden der Stadt 1441/42 erstmals genannt wurde. Auf dem Markt konnte man den täglichen Bedarf decken und auch mancherlei Luxusgüter erwerben. Doch das große Angebot darf nicht über die gesellschaftliche Realität des 15. Jahrhunderts hinwegtäuschen, denn das einsetzende Bevölkerungswachstum führte seit etwa 1470 zu erhöhter Nachfrage und zu steigenden Getreidepreisen. Hinzu kamen die oft erheblich schwankenden Preise für Brot, weshalb der Rat im Jahr 1443 die „Raitung" oder Rechnung einführte. Nach regelmäßiger Beobachtung des Getreidemarkts wurde in vierwöchigem Abstand ein für alle Bäcker verbindlicher Preis festgelegt, weshalb manchmal „kleinere Brötchen" gebacken werden mussten. So kostete zwar das „Einpfennig-Brot" immer dasselbe, doch konnte es in guten Zeiten sehr groß und in schlechten Zeiten erschreckend klein ausfallen. Brot war das Hauptnahrungsmittel der städtischen Unterschicht, die nicht selten die Hälfte ihres geringen Einkommens dafür ausgeben musste. Zu diesem Kreis rechnet man einfache städtische Angestellte, Arbeiter, verarmte Handwerksmeister und die eigentlich Armen wie Kranke, Sieche, Obdachlose, Arbeitslose, aber auch Arbeitsunwillige. Sie stellten ungefähr ein Drittel der Gesamtbevölkerung. Diese Menschen lebten am Rande des Existenzminimums, doch konnten Schicksalsschläge wie Krieg, Inflation oder Missernten mit den danach einsetzenden Hungersnöten sie in bitterste Armut bis hin zum Tod treiben. Gerade sie sind den verheerenden Seuchenzügen, die in Nürnberg übrigens erstmals im Jahr 1407 nachgewiesen sind, schon ganz am Anfang zum Opfer gefallen. Der „Schwarze Tod" suchte die Reichsstadt seit der Mitte des 15. Jahrhunderts fast im Zehnjahresabstand heim, und bei der schlimmen Pestwelle der Jahre 1534/35 starben knapp 6.000 Menschen. Das Auftreten der Pest wurde als Strafe Gottes für die sündige Menschheit aufgefasst, weshalb man Buß- und Bittprozessionen ansetzte. Als Pestheilige galten Sebastian und Rochus, deren Kult im späten 15. Jahrhundert regelrecht aufblühte und manche Bürger zu entsprechenden Stiftungen veranlasste. Wer es sich leisten konnte, hat die Stadt bis zum Abklingen der Seuche verlassen und sich auf das Land begeben. Aus diesem Grund machte sich Albrecht Dürer 1505 ein zweites Mal auf den Weg nach Italien, nachdem er schon 1497/98 in seinem Holzschnitt der vier „apokalyptischen Reiter" die todbringende Pest auf einer Schindmähre personifiziert hatte.

Juden in der Stadt

In der älteren Chronistik brachte man die im gesamten Reich zu beobachtenden Judenverfolgungen der Jahre 1348/49 mit dem Auftreten von Epidemien in Zusammenhang. Für Franken und Nürnberg, wo es zeitweise eine der größten jüdischen Gemeinden in ganz Mitteleuropa gab, trifft dies nicht zu. In den Jahren 1298, 1349 und 1388 hatte es schlimme Pogrome, Vertreibungen und Judenschuldentilgungen (eine Art räuberischer Erpressung) gegeben, wobei die Ereignisse aus der Mitte des 14. Jahrhunderts besonders herausragen. Hier spielte König Karl IV. eine verhängnisvolle Rolle, denn er billigte im Voraus den Sturm auf das Ghetto, bei dem über 500 Juden den Tod fanden. An Stelle ihrer niedergelegten Ansiedelung wurden der „Grüne Markt" und im Osten der Obstmarkt geschaffen, die Synagoge musste der Frauenkirche weichen wie es auf ähnliche Weise auch in Würzburg, Rothenburg ob der Tauber und Regensburg passierte. Trotzdem nahm man in Nürnberg kurze Zeit darauf eine kleine Zahl von Juden wieder auf, wies ihnen aber an der später sogenannten Judengasse einen etwas dezentral gelegenen Bereich zu. Dort konnten sie über mehr als fünf Generationen ihren Geschäften nachgehen, bis erneut Unheil drohte. Dies kündigte sich schon in einer Verordnung der Bamberger Synode von 1451 an, wonach auch die Nürnberger Juden einen gelben Ring auf der Brust und die Frauen hellblaue Streifen am Schleier tragen mussten. Seit den 1470er Jahren kam es schließlich in vielen schwäbischen, fränkischen und bayerischen Städten zu endgültigen Ausweisungen. Das Hauptmotiv des Nürnberger Rats, dessen Vorgehen König Maximilian I. tatkräftig unterstützte, lag in der Abschaffung der Geldleihe von Juden und in der Durchsetzung des königlichen Herrschaftsanspruches gegenüber des „Reiches Kammerknechten". Von der endgültigen Vertreibung im Jahr 1499 waren in Nürnberg 150 bis 200 Juden betroffen. Sie erlitten zwar ebenfalls einen erheblichen Vermögensverlust, blieben aber an Leib und Leben zumindest unversehrt. Nach dem Erlass des Judenedikts von 1813 im Königreich Bayern, zu dem die ehemalige Reichsstadt Nürnberg seit 1806 gehörte, ließ sich erst im Jahr 1850 wieder ein Bürger „mosaischen Glaubens" hier nieder.

→ **Kammerknecht des Reichs**: Unterstellung aller Juden in Deutschland als Ungläubige und Unfreie unter den Schutz des Reichs durch Kaiser Friedrich II. im Jahr 1236, daraus Ableitung eines finanziellen Nutzungsrechts.

GESELLSCHAFT UND ALLTAG

Die Herkunft bestimmt den Lebenslauf

Im Gegensatz zur bürgerlichen Gesellschaft des 19. und 20. Jahrhunderts kannte man bis zum Ende der Frühen Neuzeit nur eine feste hierarchische Ordnung. Ähnlich der politischen Rangfolge im Reich war das soziale Gefüge allein durch die Herkunft vorgegeben. Die Geburt bestimmte lebenslänglich den gesellschaftlichen Status der Menschen, denn ein sozialer Aufstieg war nur in sehr seltenen Fällen möglich. Standesgrenzen waren im Alltag durch Gesten und Attribute stets sichtbar und begleiteten den Einzelnen von der Wiege bis zur Bahre. Auch ohne Kenntnis der Person war bei der Begegnung auf der Gasse ersichtlich, wer welchem Stand angehörte. Als äußeres Unterscheidungsmerkmal dienten Schmuck und Kleidung, worauf die Obrigkeit schon seit dem frühen 14. Jahrhundert ihr strenges Augenmerk richtete. Zum einen durften aus der Sicht des Rats soziale Grenzen nicht übertreten werden, zum anderen wurden moralisch-religiöse und ökonomische Gründe ins Feld geführt, damit sich die Bürger wegen des hohen Aufwands für die seinerzeit sehr teure Bekleidung nicht übermäßig verschuldeten.

→ „Nachdem, als menigclich unverporgen ist, der allmechtig got von anbegynn nyt allayn auff erden, sonnder auch im hymel unnd inn dem paradeyß das lasster der hoffart und übermut gehasset und schwerlich gestrafft, dienmut, gehorsamkayt, zucht und erbere gute sythen loblich erhöhet und belonet hat, auch auß hoffart und ungehorsam manigem reychen fürstenthumben und commonen grosse schaden, abnemen und verderben entstannden und geflossen sein, als das an vil ennden vor augen lygt ..." (Vorwort zu einer Nürnberger Kleiderordnung vom Ende des 15. Jahrhunderts).

Bei Prozessionen, öffentlichen Handlungen oder an der festlichen Tafel herrschte eine feste Rangordnung, wie sie stets auch bei Besuchen des Kaisers als dem Stadtherrn von Nürnberg genauestens beachtet wurde. Den vordersten Stand der Gesellschaft bildeten alle Angehörigen aus den etwa 30 Ratsgeschlechtern bzw. des Patriziats, das insgesamt etwa 1 Prozent an der gesamten Bevölkerung ausmachte. Danach folgten Kaufleute (ca. 0,5 Prozent), schließlich Krämer (ca. 1 Prozent) und Handwerker (ca. 7 Prozent) jeweils mit ihren Familien sowie ganz unten Handwerksgesellen, Dienstknechte und Dienstmägde. Außerhalb der städtischen Gesellschaft standen die Unterschicht und der „gemeine Mann", also der Bauer auf dem Land. Vor Einführung der Reformation beanspruchte der noch relativ zahlreiche Welt- und Ordensklerus, dessen Anteil in Nürnberg auf etwa 1 bis 1,5 Prozent der Bevölkerung geschätzt wird, eine Sonderrolle.

Hinsichtlich der Bürger und Untertanen erstreckte sich der obrigkeitliche Drang zur Reglementierung neben Ordnungen über die Hoffart oder die Bekleidung auch auf den standesgemäß zu begrenzenden Aufwand bei Taufen, Hochzeiten und Beerdigungen. Noch wurden die ausführlichen Vorschriften öffentlich verkündet, bis mit der Einführung des Buchdrucks ab dem 16. Jahrhundert eine wachsende Fülle allerlei Ordnungen einsetzte. So durften sich nur die Angehörigen des vordersten Standes am kostbarsten kleiden, denn ausschließlich ihnen blieb das Tragen goldener Ketten oder besonderer Pelze vorbehalten. Andererseits standen die Ratsherren in sozialer Konkurrenz zum rittermäßigen Landadel alter Herkunft. Diesem waren sie nicht ebenbürtig, weshalb ein gesellschaftlicher oder gar verwandtschaftlicher Zugang in deren Kreis völlig ausgeschlossen blieb. Dieser Gegensatz trat seit dem Jahr 1387 in verschärfter Form öffentlich hervor, als die Söhne der vornehmen Patrizier ritterliches Treiben nachahmten. Auf dem „Grünen Markt" veranstalteten sie erstmals ein „Gesellenstechen". Für das Selbstverständnis der Nürnberger Stadtaristokratie stellte das am Rosenmontag des Jahres 1446 veranstaltete Turnier etwas ganz Besonderes dar, denn der Rat ließ es sechs Generationen später in Form eines 65 Meter langen Stuckreliefs im Rathaus verewigen. Unter den Augen von Schiedsrichtern, welche auf der Empore der Frauenkirche Platz nahmen, rannten 39 Reiter mit Stechlanzen gegeneinander an. Ein abendlicher Tanz auf dem Rathaus beendete das vornehme Treiben, das ein letztes Mal am 3. März 1561 abgehalten wurde.

Das Frauenhaus

An „Herrenfasnacht", beim Besuch hochrangiger Persönlichkeiten und nur ganz selten bei Hochzeiten genehmigte der Rat einen Tanz oder richtige Staatsbälle im großen Saal des alten Rathauses. Bei solchen Festivitäten war es üblich, dass sich dort auch Dirnen oder die „gemeinen weiber" sehen ließen, bis ihnen dies 1496 untersagt wurde. Schon 1385 gehörte es zum Aufgabenkreis des Reichsschultheißen, die „schönen frauen" zu beschirmen, also vor Übergriffen zu schützen. Diese Verpflichtung nahm der Nürnberger Rat sehr ernst und richtete in der Nähe des Zeughauses das Frauenhaus ein, worauf heute noch die topographische Bezeichnung Frauengasse zurückgeht.

Als Kaiser Friedrich III. bei seinem Aufenthalt in der Reichsstadt am 27. August 1471 die einzigartige Ansammlung von Waffen und Rüstungen besichtigte, musste er infolge der räumlichen Nähe auch beim Frauenhaus vorbeireiten. Eine solche Gelegenheit wollten die Dirnen nicht ungenutzt verstreichen lassen und wie in einer zeitgenössischen Chronik berichtet wird, „fingen in die frawen; da löst er sich von in umb zwen gulden". Prostitution war in der spätmittelalterlichen Gesellschaft noch nicht tabuisiert, weshalb der Rat eine sehr ausführliche Ordnung zum Schutz der Dirnen vor materieller Ausbeutung und Freiheitsbeschränkung durch den „Frauenwirt" erließ. Selbstverständlich durften weder Bürgerinnen noch Ehefrauen diesem Gewerbe nachgehen und weder Priestern noch Ehemännern war der Besuch des Frauenhauses erlaubt. Als sich im Jahr 1508 die acht „gemeinen weiber" beim Rat beschwerten, unter der Veste gebe es ein illegales Hurenhaus, genehmigte man ihnen dessen Erstürmung. Die Frauen stellten rasch fest, „die vögel warn außgeflogen", und schlugen daraufhin alles kurz und klein. Im evangelischen Nürnberg wurde das öffentliche Frauenhaus noch eine Zeit lang geduldet, bis es im Jahr 1562 geschlossen werden musste.

Badefreuden

Kurz vor dem Ende des 15. Jahrhunderts hielt Albrecht Dürer zwei sehr seltene Szenen aus dem Alltagsleben seiner Vaterstadt auf meisterhafte Weise fest. Die auf das Jahr 1496 datierte Federzeichnung wurde „Das Frauenbad" und der wenig später entstandene Holzschnitt „Das Männerbad" genannt. Der Künstler kannte diese Einrichtungen aus eigener Anschauung, denn Hygiene und Körperpflege hatten in der spätmittelalterlichen Gesellschaft einen hohen Stellenwert. In der Sebalder und in der Lorenzer Stadthälfte gab es insgesamt 14 Bäder, die von Badern, einem Handwerk mit eigener Ordnung, betrieben wurden. Wahrscheinlich besuchte Dürer das Zachariasbad, das Irrerbad, das Bad in der Egidiengasse oder das Rosenbad, die alle nahe einer Wasserstelle oder auf der Lorenzer Seite an dem von Süden in die Stadt fließenden Fischbach lagen.

Die Bader wohnten mit ihren Familien jeweils im Obergeschoss der Anwesen, die nach außen hin den anderen Wohnhäusern ähnlich waren. Meist waren die Bäder nur an drei Tagen in der Woche geöffnet, wobei der Samstag am beliebtesten war. Man traf sich hier zur Reinigung des Körpers im geselligen Kreis, zuerst im Schwitzbad dann im Wannenbad. Der Bader kümmerte sich durch Aderlass und Schröpfen um die Gesundheitspflege, und er besorgte zudem Rasur und Haarschnitt. Der vorsichtige Rat der Reichsstadt verbot schon 1496, dass *„menschen, die an der newen krankhait, malum Frantzosen, beflekt und krank"* waren, die Bäder besuchen durften. Außerdem durften die Bader Lasseisen, mit denen sie zuvor Kranke behandelt hatten, nicht bei Gesunden verwenden. Drei Jahre zuvor war nämlich in spanischen Hafenstädten erstmals die Syphilis aufgetreten, die sich todbringend rasch nach Norden ausbreitete. Die erhöhte Ansteckungsgefahr in den Bädern war einer der Grün-

GESELLSCHAFT UND ALLTAG

Albrecht Dürer: Das Frauenbad (Kunsthalle Bremen, 1945 untergegangen)

de, dass in Nürnberg gegen Ende des 18. Jahrhunderts fast keines der genannten mehr im Betrieb war. Denn auf der mitten in der Stadt gelegenen Insel Schütt, wo eine eisen- und salzhaltige Quelle entsprang, ließ der Rat 1577/78 ein großes steinernes Badehaus mit 176 Wannen errichten. Daneben hatten sich viele

Der Nürnberger Wappendreiverein (= die 3 Nürnberger Stadtwappen) an der Mauthalle

Hausbesitzer eigene „Bürgerbadstüblein" eingebaut, in denen die Familie unter sich war.

→ **Lasseisen** (Fliete): metallener Stiel mit einer am Ende rechtwinklig aufgesetzten Spitze zum Durchtrennen von Venen beim Aderlass.

AUSBLICK

Die Geschichte von Städten seit ihrer Gründung erscheint oft als eine Geschichte steten Wachstums und anhaltend guter Entwicklung. Diese Annahme trifft auf fast alle größeren Städte in Deutschland kategorisch nicht zu, und auch Nürnberg stellt in dieser Hinsicht keine Ausnahme dar. Immerhin erlebten dessen Bürger trotz mancher Widrigkeiten, Auseinandersetzungen und Rückschläge bis zum Beginn des frühen 17. Jahrhunderts einen positiven historischen Wandel. Die ökonomische und kulturelle Blütezeit setzte sich jenseits der Epochengrenze von 1500 noch lange fort, bis infolge der religiös politischen Gegensätze großes Unheil über das ganze Deutsche Reich hereinbrach. Der Dreißigjährige Krieg, von dem Nürnberg zunächst eineinhalb Jahrzehnte lang weitgehend verschont blieb, wirkte sich in größeren Landstrichen immer besonders verheerend aus, wenn dort Schlachten geschlagen wurden.

Auf ungewöhnlich brutale Weise erlitt dieses Schicksal das evangelische Magdeburg, das am 20. Mai 1631 in Flammen aufging. Beim Sturm der kaiserlichen Truppen unter Graf Tilly überlebte von etwa 30.000 Einwohnern nur jeder Dritte. Ähnliches begann man in Nürnberg zu fürchten, als sich ein Jahr später das schwedische und das kaiserliche Heer mit einer Stärke von etwa 30.000 bzw. 50.000 Mann auf die Reichsstadt zubewegten. Während sich der Schwedenkönig Gustav Adolf rund um Nürnberg verschanzte, ließen sich Wallensteins Truppen etwa acht Kilometer westlich bei Zirndorf an der Alten Veste nieder. Nach längerem Warten und einem kurzen ergebnislosen Gefecht zogen die Armeen Richtung Norden ab. Obwohl es in Franken nicht zu einer Schlacht gekommen ist, verschlechterte sich in diesen zehn Wochen zwischen dem 15. Juli und dem 23. September 1632 die Lage auf katastrophale Weise. Denn zur Versorgung der Heere mit Lebensmitteln und Futter wurde das Land im Umkreis von bis zu 150 Kilometern regelrecht ausgeplündert. In das vermeintlich sichere Nürnberg mit damals etwa 50.000 Einwohnern hatten sich deshalb viele Bauern mit ihrem Hab und Gut geflüchtet. Die Tragödie nahm erst 1633 ihren Lauf, als aufgrund mangelnder hygienischer Verhältnisse und der Hungersnot schwere Seuchen ausbrachen und innerhalb eines Jahres etwa jeden zweiten Bürger dahinrafften. Von dem „grossen Sterb" hat sich die Stadt bis zum Übergang an das Königreich Bayern demographisch nicht mehr erholt. Trotz dieser Stagnation ist die lange vertretene These von einem Verfall Nürnbergs in jenen 170 Jahren nicht zutreffend. Zwar musste sich das Gemeinwesen wegen der an Kaiser und Reich ungemindert zu leistenden Beiträge völlig verschulden, doch blühten nach einer Erholungsphase Kunst und Wissenschaft sowie Handwerk und Kaufmannschaft wieder auf. Die Stadt entwickelte sich u.a. wieder zu einem Zentrum des Buchdrucks und Buchhandels, der Kartographie und des Musikinstrumentenbaus.

Zu Beginn des 19. Jahrhunderts zählte Nürnberg wie auch Augsburg etwa 25.000 Einwohner und war damit nach München mit ca. 40.000 Einwohnern die zweitgrößte Stadt im Königreich Bayern. Die fortschreitende politische Bedeutungslosigkeit innerhalb Deutschlands ging einher mit der romantischen Entdeckung durch die beiden Literaten Ludwig Tieck (1773–1853) und Wilhelm Heinrich Wackenroder (1773–1798).

Doch in den spätmittelalterlich anmutenden Gassen und Plätzen regte sich wieder der alte Unternehmer- und Erfindergeist, als dessen bedeutendstes Symbol der Betrieb der ersten deutschen Eisenbahnlinie zwischen Nürnberg und Fürth im Jahr 1835 gilt. Durch den Maschinenbau, die Metall- und Elektroindustrie sowie in der Bleistift- und Spielzeugherstellung setzte im Kaiserreich eine rasante industrielle Entwicklung ein, was zur Folge hatte, dass Nürnberg um 1900 Bayerns größter Industrie- und Wirtschaftsstandort vor der Haupt- und Residenzstadt war. Erfreulicherweise prägte der liberale Oberbürgermeister Hermann Luppe (1874–1945) seit 1920 in einer Koalition mit den dominierenden Sozialdemokraten das demokratische Klima in Nürnberg, das aber schon früh durch die freche Agitation der Nationalsozialisten überschattet wurde. Wegen der symbolischen Bedeutung der Stadt der Meistersinger erkor Adolf Hitler im Jahr 1933 Nürnberg zum Austragungsort der Reichsparteitage, weshalb man hier die antisemitischen Gesetze von 1935 verkündete. Allerdings wurde die für das Jahr 1939 unter dem scheinheiligen Motto „Parteitag des Friedens" angesetzte einwöchige Propagandaversammlung kurzerhand abgesagt, denn Hitler entfesselte in diesen Tagen mit dem Überfall auf Polen den Zweiten Weltkrieg. Bei den alliierten Luftangriffen auf Nürnberg kamen in den Jahren 1944/45 etwa 6.100 Einwohner und 1.500 Kriegsgefangene ums Leben. Das Stadtbild wurde weitgehend vernichtet, denn ca. 80 Prozent des einst gerühmten historischen Zentrums lagen in Trümmern. Als eines der wenigen großen Justizgebäude in Deutschland ist das am westlichen Stadtrand gelegene verschont geblieben, worauf die Siegermächte u.a. auch wegen der symbolischen Bedeutung Nürnbergs hier im November 1945 das Internationale Militärtribunal zur Bestrafung der Hauptkriegsverbrecher ansetzten. Es folgten bis 1949 zwölf Nachfolgeprozesse.

Im Gegensatz zu manch anderen kriegszerstörten Städten ist der Wiederaufbau der Ruinenlandschaft recht gut gelungen, da man sich sehr feinfühlig an den früheren Proportionen und Formen der Topographie und der Gebäude orientiert hat. Abgesehen von wenigen Ausnahmen wurden seit den 1950er Jahren vor allem die großen Fixpunkte wie Kaiserburg, Rathaus, Sebaldus-, Frauen-, Lorenzkirche oder Heilig-Geist-Spital rekonstruiert. Selbstverständlich sind die Wohn- und Gewerbegebiete weit über das alte Weichbild hinaus gewachsen, doch hat die Innenstadt ihren Charakter als Zentrum Nürnbergs sehr rasch wiedergewonnen. Die Auseinandersetzung um das verheerende politische und bauliche Erbe des „Dritten Reichs" wurde erst spät angenommen, bis im Jahr 2001 das Dokumentationszentrum Reichsparteitagsgelände am Rande des weitgehend unzerstörten Areals eröffnet werden konnte. Schon 1993 war mit der Einweihung der Straße der Menschenrechte beim Germanischen Nationalmuseum eine neue Traditionslinie geschaffen worden, die seit 1995 alle zwei Jahre mit der Verleihung des Internationalen Nürnberger Menschenrechtspreises fortgeführt wird. Damit würdigt die Stadt Einzelpersonen oder Gruppen, die sich für die Wahrung der Menschenrechte eingesetzt haben. Der Gegensatz zwischen Krieg und Frieden, der vor allem die Geschichte Nürnbergs im 15. Jahrhundert bestimmt hat, wird dadurch immer wieder in das Bewusstsein nicht nur der Bürger dieser Stadt gerufen.

ANHANG

Zeittafel

1050 Erste Nennung von „Norenberc" anlässlich der Freilassung Sigenas
1191/92 Friedrich I. von Zollern wird Burggraf von Nürnberg
1219 Großes Freiheitsprivileg von Kaiser Friedrich II.
1250 Stadthälften St. Sebald und St. Lorenz werden miteinander verbunden
1256 Erste Erwähnung des Rats als politische Vertretung der Bürgerschaft
1340 Rathaus mit großem Saal errichtet
1348/49 Aufruhr, Judenpogrom
1355–1358 Bau der Frauenkirche unter König Karl IV.
1356 Beratung der „Goldenen Bulle" in Nürnberg und Metz
1390 Einrichtung der ersten Papiermühle in Deutschland
1423 Kaiser Sigmund gibt Reichskleinodien in die Obhut der Stadt
1425 Heiligsprechung St. Sebalds
1427 Markgraf Friedrich verkauft Burggrafenburg an die Stadt
1449/51 Erster Markgrafenkrieg unter Albrecht Achilles
1471–1528 Albrecht Dürer
1504 Bedeutender Gebietsgewinn im Landshuter Erbfolgekrieg
1525 Einführung der Reformation in Nürnberg
1552 Zweiter Markgrafenkrieg unter Albrecht Alcibiades
1622 Nürnberger Akademie in Altdorf wird zur Universität erhoben
1632 Schlacht bei der Alten Veste mit verheerenden Folgen für die Bevölkerung
1644 Gründung des Pegnesischen Blumenordens
1649 Friedenskongress in Nürnberg beendet den Dreißigjährigen Krieg
1662 Gründung der ersten Akademie im deutschsprachigen Raum

NÜRNBERG IM 15. JAHRHUNDERT

1700 Entwicklung der Klarinette durch Johann Christoph Denner
1724 Johann Baptist Homann, Verleger europäischer Land- und Weltkarten, stirbt
1794 Grundvertrag beendet die alleinige Herrschaft des Patriziats
1796 Besetzung durch französische Truppen, Reichskleinodien nach Wien
1806 Nürnberg fällt an das Königreich Bayern
1835 Erste deutsche Eisenbahn verkehrt zwischen Nürnberg und Fürth
1852 Gründung des Germanischen Nationalmuseums
1914 Nürnberg ist mit 360.000 Einwohnern die industrielle Metropole Bayerns
1933 Hitler ernennt Nürnberg zur „Stadt der Reichsparteitage"
1945 Fast völlige Zerstörung der Altstadt durch Luftangriff
1945/46 Hauptkriegsverbrecherprozess im Nürnberger Justizpalast
1951 Eröffnung der Spielwarenmesse
1995 Verleihung des „Internationalen Nürnberger Menschenrechtspreises"

Grundlegende Literatur

Diefenbacher, Michael/Endres, Rudolf (Hrsg.): Stadtlexikon Nürnberg, Nürnberg 2000.
Fleischmann, Peter: Nürnberg mit Fürth und Erlangen. DuMont Kunst-Reiseführer, Köln 1997.
Grieb, Manfred H. (Hrsg.): Nürnberger Künsterlexikon. Bildende Künstler, Kunsthandwerker, Gelehrte, Sammler, Kulturschaffende und Mäzene vom 12. bis zur Mitte des 20. Jahrhunderts, 4 Bände, München 2007.
Pfeiffer, Gerhard (Hrsg.): Nürnberg – Geschichte einer europäischen Stadt, München 1971.
Schultheiß, Werner: Kleine Geschichte Nürnbergs, hg. v. Gerhard Hirschmann, Nürnberg ³1997.

ANHANG

Museen in Nürnberg

Albrecht-Dürer-Haus, Albrecht-Dürer-Straße 39
DB Museum Nürnberg, Lessingstraße 6
Dokumentationszentrum Reichsparteitagsgelände, Bayernstr. 110
Germanisches Nationalmuseum, Kartäusergasse
Historische Felsengänge, Bergstraße 19
Historischer Kunstbunker, Obere Schmiedgasse 52
Kaiserburgmuseum, Auf der Burg
Kunsthalle Nürnberg, Lorenzer Straße 32
Memorium Nürnberger Prozesse, Saal 600, Bärenschanzstraße 72
Mittelalterliche Lochgefängnisse, Rathausplatz 2
Museum Industriekultur / Schulmuseum, Äußere Sulzbacher Str. 62
Museum für Kommunikation Nürnberg, Lessingstraße 6
Museum Tucherschloss und Hirschvogelsaal, Hirschelgasse 9–11
Museum 22/20/18, Kühnertsgasse 18–22
Naturhistorisches Museum, Marientorgraben 8
Neues Museum – Staatliches Museum für Kunst und Design in Nürnberg, Klarissenplatz
Schloss Neunhof, Schlossplatz 2
Spielzeugmuseum, Karlstraße 13–15
Stadtmuseum Fembohaus, Burgstraße 15

Websites

www.altstadtfreunde-nuernberg.de
www.museen-nuernberg.de
www.nuernberg.de
www.nuernberg-tours.de
www.nuernberger-hausbuecher.de

NÜRNBERG IM 15. JAHRHUNDERT

Übersichtskarte Nürnberg

1 Kaiserburg
2 Tiergärtnertor
3 Sieben Zeilen
4 Laufer Tor
5 Albrecht-Dürer-Haus
6 Egidienkirche
7 Landauersche Zwölfbrüderkapelle
8 Ehemaliges Dominikanerkloster
9 Neutor
10 Sebalduskirche
11 Rathaus
12 Herrenschießhaus
13 Halltertürlein
14 Maxplatz
15 Ehemaliges Augustinerkloster
16 Waagrelief
17 Hauptmarkt mit Frauenkirche und Schönem Brunnen
18 Weinstadel
19 Henkersteg
20 Heilig-Geist-Spital
21 Insel Schütt
22 Männereisen
23 Unschlitthaus
24 Ehemaliges Barfüßerkloster
25 Dominikanerinnenkloster
26 Nassauer Haus
27 Lorenzkirche
28 Josephsplatz
29 Elisabethspital
30 Jakobskirche
31 Weißer Turm
32 Frauengasse
33 Zeughaus
34 Mauthalle
35 Marthaspital
36 Klarakirche
37 Kartäuserkloster/Germanisches Nationalmuseum
38 Königstor
39 Frauentor
40 Spittlertor
41 Hallerwiese
42 Pilgerspital Hl. Kreuz

ANHANG

Bildnachweis

akg-images: 105, 110
Fotolia: 29
Shutterstock: 57 u., 99
Stadtbibliothek Nürnberg: 45, 93, 117
Staatsarchiv Nürnberg: 26
Alle anderen Wikipedia; 47 l., 73 u., 101, 103, 128 (Andreas Praefcke); 40 o.l. (André Karwath); 16/17 (ArtMechanic); 22 (Christine Dierenbach); 40 Mitte o., 40 o.r. (Deutsche Fotothek); 47 r. (Gryffindor); 67 r. (Keichwa); 21 u.r. (Kolossos); Titel r. und 19, 73 o. r. (Matthias Kabel); 21 u.l. (Nico Hofmann); 71 (Petropoxy); 73 o.l. (PetrusSilesius); 57 o. (Pfeffersack); 13 (Technokrat); 63 (UpperPalatine); 28 r. (Vitold Muratov); 67 l. (97mr)